南昌行營
參謀團大事記
（二）

Generalissimo's Nanchang Field Headquarter

Military Staff Records

Section II

目錄

國民政府軍事委員會委員長行營參謀團大事記

導讀

蘇聖雄
中央研究院近代史研究所助研究員

—

　　南昌行營，以蔣介石發動新生活運動的發起地為人所知，1934 年 2 月 19 日，蔣介石在南昌行營擴大紀念週上發表〈新生活運動之要義〉之演講，新生活運動正式揭開序幕。此外，南昌行營作為國民政府對中國共產黨進行大規模圍剿的總司令部，亦廣為人知。

　　南昌行營是怎麼樣的組織？論其源流，可從古代中國說起。中國幅員廣闊，對地方事務，中央時有鞭長莫及之感，故常派遣人員至地方巡查，或於地方設置機關監督管理。以唐代制度而言，全國區分十道，派觀察使監察州縣地方政府，實際上長駐地方，成為地方更高一級之長官。此種監察使若為巡視邊疆，於邊防重地停駐下來，中央對地方事務得隨宜應付，臨時全權支配，稱為節度使，指揮軍事，管理財政，甚至掌握地區用人大權。始於元代的行省制度，亦本中央擴權延伸之旨，時中央有中書省之機關，即中央的宰相府，「行省」即「行中書省」，中央派出機構駐紮在外，藉以軍事控制、集權中央，乃至清代之總督巡撫，亦類於此，初設

乃為臨時掌管軍事，其後常川駐紮地方。[1]

　　行營為中央力量向地方擴張的一種組織，偏重軍事層面。「行營」一辭於中國歷史中，泛指某軍事長官出征到外地臨時組建之軍營，為軍事長官之駐地辦事處。[2]「行營」之制度化，最早在唐代安史之亂以後。安史亂前，雖已有行營，但尚未普遍化形成制度，如唐玄宗天寶六年（747）「特敕仙芝以馬步萬人為行營節度使往討之」，此處之「行營節度使」為玄宗「特敕」成立，說明派軍出征而稱行營，為特殊情況之權宜辦法。安史之亂以後，唐肅宗乾元元年（758），任命李嗣業為鎮西、北庭行營節度使屯河內，「行營」節度使成為一種制度，為相對「本鎮」之軍事機關，[3]此後歷代沿用，不過各朝之行營性質續有變動。[4]

　　清末以降，地方主義興起，[5]及至民國初年各軍系

1 錢穆，《中國歷代政治得失》（臺北：東大圖書公司，2001），頁 54-56、130-133。

2 三民書局出版的《大辭典》「行營」條有四義，一為奔走營求，二為巡視軍營，三為出征時的軍營，四為軍事長官駐地辦事處。參見三民書局大辭典編纂委員會編，《大辭典》，冊 3（臺北：三民書局，1985），頁 4279。中國文化大學出版的《中文大辭典》「行營」條亦有四義，一為唐代節度使之軍營，二為出征時之軍營，三為營治，四為出兵。參見張其昀監修，《中文大辭典》（臺北：中國文化大學出版部，1993九版），頁 559。

3 張國剛，〈唐代藩鎮行營制度〉，《唐代政治制度研究論集》（臺北：文津出版社，1994），頁 175-196；孟彥弘，〈論唐代軍隊的地方化〉，《中國社會科學院歷史研究所學刊》，輯 1（2001年 10 月），頁 264-291。

4 五代、宋代之行營，可參見翁建道，〈五代行營初探〉，《高應科大人文社會科學學報》，期 5（2008 年 7 月），頁 63-83；翁建道，〈宋真宗咸平時期鎮定高陽關行營之建立〉，《史學彙刊》，期 29（2012年 6 月），頁 59、61-93。

5 胡春惠，《民初的地方主義與聯省自治》（北京：中國社會科學

割據，地方分權力量甚大，故中華民國中央政府建立以後，對地方之掌控特別留意。「行營」這樣的組織，便是中央政府對地方控制的一環，同時也具有軍事長官駐地辦事處之意義，如1923年初時為陸海軍大元帥的孫文，設陸海軍大元帥大本營，曾任蔣介石為大元帥行營參謀長。[6]

二

國民政府設立行營此一機關，最初在北伐途中，設有「國民革命軍總司令行營」，為行營制度化之始，有印信及專屬用牋。[7]由於蔣介石擔任國民革命軍總司令，該行營可視為蔣介石之行營。

國民革命軍北伐之後，軍事委員會、國民革命軍總司令部相繼撤銷，國民革命軍總司令行營隨之結束。1929年初，桂軍反抗中央，內戰爆發，4月，時任國民政府主席的蔣介石，根據〈中華民國國民政府組織法〉第一章第三條規定「國民政府統帥海陸空軍」，遂以國民政府主席之名義，組織陸海空軍總司令部，親兼總司令，同時為便於指揮作戰，貫徹軍事作戰命令，於全國各要地成立「陸海空軍總司令行營」，[8]作為總司令部

出版社，2011），頁1-13。

6　「孫中山手令特任蔣中正為大元帥行營參謀長」（1923年6月16日），〈蔣中正書法（影本）〉，籌筆，《蔣中正總統文物》，國史館藏，典藏號：002-011100-00001-095；郭廷以，《中華民國史事日誌》（臺北：中央研究院近代史研究所，1979），冊1，1923年6月16日條，頁730。

7　現藏於國防部國軍歷史文物館。

8　其印信現藏於國史館。

的派出指揮機關，行營益為制度化。[9]

　　陸海空軍總司令各行營設主任一員，由資歷深且具有相當指揮作戰能力的將領擔任。自 1929 年至 1931 年底，陸海空軍總司令部在全國計組建北平、武漢、廣東、洛陽、徐州、潼關、鄭州、南昌等行營。九一八事變後，蔣預備下野，陸海空軍總司令部進行組織調整，各總司令行營撤銷，改為各綏靖公署，總司令行營於焉結束。[10]

　　1932 年初，蔣介石復出擔任軍事委員會委員長，於 1933 年 2 月 7 日開始籌設「軍事委員會委員長南昌行營」。1933 年 5 月 21 日，軍事委員會委員長南昌行營成立，以熊式輝為行營主任，此為蔣介石身為委員長的行營，[11] 即本史料系列所指稱之對象。

　　依據〈軍事委員會委員長南昌行營組織大綱〉（1933 年 6 月 24 日頒布），第一條：「軍事委員會委員長為處理贛、粵、閩、湘、鄂五省剿匪軍事及監督指揮剿匪區內各省黨政事務之便利起見，特設南昌行營」，[12] 可見該機關不但管轄範圍廣闊，所轄事務並不限於軍事，而及於各省黨政諸事務。事實上，其實際權

9　戚厚杰、劉順發、王楠編，《國民革命軍沿革實錄》（石家莊：河北人民出版社，2001），頁 123。

10 張皓，〈形形色色的國民黨行營〉，《黨史博覽》，1995 年第 2 期，頁 46；戚厚杰、劉順發、王楠編，《國民革命軍沿革實錄》，頁 123-124、140-141。

11 蘇聖雄，〈國史館數位檔案檢索系統之運用──以「行營」研究為例〉，《國史研究通訊》，期 2（2012 年 6 月），頁 199。

12 蔡鴻源主編，《民國法規集成》，冊 33（合肥：黃山書社，1999），頁 398-399。

力不僅止法條規範，據當時擔任南昌行營審核處秘書的
謝藻生指出，南昌行營管轄範圍為江西、福建、浙江、
湖南、湖北、安徽、河南、江蘇、山東、陝西十個省及
上海、南京、漢口三個特別市，以及軍事委員會所屬的
軍政部、參謀本部，受管轄單位每月必須將人事、經費
送行營審核，為全國最龐大之軍事機構。[13] 又據親汪兆
銘的中國國民黨高層陳公博回憶：「蔣先生（蔣介石）
又以剿匪為名，請求中央把剿匪區域都劃給行營（南昌
行營），無論軍事、財政、司法，以及地方行政，一
概由行營辦理，因此行政院更是花落空庭，草長深院
了……行政院簡直是委員長行營的秘書處，不，秘書處
也夠不上，是秘書處中一個尋常的文書股罷了。」[14] 這
些回憶或有誇張之處，但南昌行營在當時的重要性，確
是不容輕忽。

　　南昌行營經過一年多的運行，達成其設置目的，
其監督指揮對中國共產黨之第五次圍剿，迫使共軍於
1934 年底退出贛南根據地，往西南「長征」。國民政
府隨即於 12 月組織「軍事委員會委員長行營參謀團」
入川，運籌、指導、督察四川剿共各軍之作戰，以原南
昌行營第一廳廳長的賀國光出任參謀團主任，可說是南
昌行營的延伸。[15]

13 謝藻生，〈我所知道的南昌行營〉，《世紀行》，1995年第 1 期，
　　頁 36。
14 汪瑞炯、李鍔、趙令揚編註，《苦笑錄：陳公博回憶（1925-1936）》
　　（香港：香港大學亞洲研究中心，1979），頁 329。
15 〈軍事委員會公布委員長行營參謀團組織大綱訓令〉（1934年
　　12 月 23 日），收入中國第二歷史檔案館編，《中華民國史檔

　　1935 年初，江西共區經次第克復，南昌行營於
1 月底結束。有鑑於南昌行營之成功，蔣介石擴大運用
行營制度，先將行營從南昌移駐武昌，後移四川，初
未冠上駐地名稱，皆稱「軍事委員會委員長行營」，[16]
1936 年兩廣事變結束後，建立廣州行營，始冠上駐
地名稱。[17] 1937 年全面抗戰爆發後，行營制度賡續推
廣。戰後 1946 年 5 月，隨著軍事委員會取消改設國防
部，軍事委員會委員長各行營改制為國民政府主席各行
轅，[18] 其下設若干「綏靖公署」，統一指揮對共產黨的
軍事行動，及綜整管轄區域之民政。[19] 1948 年 5 月 19
日，蔣介石即將就任中華民國總統，國民政府主席一職
撤銷，各地行轅復改為綏靖公署或歸併入各地剿匪總司
令部，[20] 至是行營（行轅）之設置歷史全部結束。

三

　　本系列係國民政府行營設置史上最重要的南昌行營
之史料彙編，這集收錄「國民政府軍事委員會委員長行

<hr>

案資料匯編》，輯 5 編 1：軍事 1（南京：江蘇古籍出版社，
1991），頁 28-33；《中央日報》（南京），1934 年 12 月 30 日，
第 1 張第 2 版。

16 駐地重慶之行營，以賀國光為行營主任，正式稱呼未冠上駐地名
稱，然一般仍習稱為「重慶行營」。

17 「軍事委員會委員長廣州行營電國民政府」（1936 年 10 月 4 日），
〈軍事委員會各行營行轅官員任免（一）〉，《國民政府檔案》，
國史館藏，典藏號：001-032107-0040。

18 當時國民政府主席即蔣介石。

19 劉國新主編，《中國政治制度辭典》（北京：中國社會出版社，
1990），頁 387、391。

20 張憲文、方慶秋、黃美真主編，《中華民國史大辭典》（南京：
江蘇古籍出版社，2002），頁 727-728。

營參謀團大事記」（以下簡稱「參謀團大事記」），計有三冊。

　　「參謀團大事記」是原南昌行營第一廳廳長賀國光（字元靖），主持行營參謀團入川的史料集，由賀本人所輯，主要為 1935 年事。內容首先是蔣介石手令，分為原件與抄件，為蔣對參謀團鉅細靡遺的指示，得窺見參謀團入川情形及蔣對川省之戰略規劃。爾後各篇分為「參謀團之成立」、「剿共軍事」、「政治」、「參謀團之經理概況」、「附錄」。綜觀其內容，非如題名所稱，僅為編年體之「大事記」，實收入大量一手史料，以參謀團案卷為主，間收其他文卷內容，諸多為現今國史館等檔案館藏所無。

　　「參謀團大事記」之內容，是國民政府軍政力量延伸的過程，也是「三分軍事，七分政治」之體現。有益讀者加深對南昌行營及其後續組織之認識，就考究蔣介石的組織運用、民國中央與地方之關係、國民政府軍事力量入川之經過、圍剿追剿共軍之經過、國民政府對基層的控制，乃至國民政府如何建構現代國家等種種課題，相信亦有一定助益。川籍要員周開慶，晚年曾對行營之重要性謂：

　　　國民政府北伐成功，統一全國後，在中央與各省地
　　　方間，常有一種中間性的軍政組織，承上轉下，
　　　秉承中央政府的命令，督導轄區三數省份的軍政建
　　　設工作。這種組織有時叫行營，有時叫行轅……在
　　　過去軍政措施上收到不少的效果；以我國幅員廣

大⋯⋯仍有採行的必要。研究以往的軍政體制，我以為這種組織是最值得注意的。政府機關如國防部、三軍大學、或國防研究院，應該指定專人，從事蒐輯資料，作有系統的研究。研究我國現代軍政制度的專家學者，拿這種組織作一個專題來研討，也是很有意義的。[21]

　　對於加深行營研究，周開慶 50 年前已有倡議，惟至今相關研究仍舊鮮少。民國歷史文化學社編輯部察知行營重要性，先從最關鍵的南昌行營史料展開出版工作，價值可觀，其意深遠，讀者讀之當可體會。

---

21 周開慶，〈重慶行營史話〉，《暢流》，46：11（1973年1月），頁 8。

編輯凡例

一、本套書共三冊，收錄「國民政府軍事委員會委員長行營參謀團大事記」，依原文錄入。

二、第一冊〈編輯大意〉為原書內容，予以保留。

三、第一篇為蔣介石手令，其中辦理過程幕僚回報、建議文字等，以楷體標示。

四、原稿已有標點者予以保留，若無則加具標點。

五、錯字、漏字、贅字等均不予更動，異體字、俗寫字、通同字等一律改為現行字，無法辨識文字以■表示。平抬、挪抬等書寫格式一概從略。為便利閱讀，表格內容皆改以阿拉伯數字呈現。

六、本書史料內容，為保留原樣，維持原「匪」、「偽」等用語。

七、本書改直排文字為橫排，內容之如右（即如前）、如左（即如後）等文字皆不予更動。

八、部分附件因原稿即缺，故無法排印。

國民政府軍事委員會委員長
行營參謀團大事記

第四篇　政治

第一章　關于政制事項

一、撤銷防區統一政令

四川

　　自民六以還，川省即成割據之局，向無統一之政治機關。各軍各就其防區內，任意委派官吏，徵收賦稅；甚或互相侵蝕。故各軍所轄防區，時有伸縮變更，無固定之時間及面積。茲就參謀團入川時情勢，列表繪圖如左：

四川各軍編防長官姓名轄縣表

部隊番號	主官姓名	防區轄縣				附記
第二十軍	楊森	廣安　南充	岳池　蓬安	營山	渠縣	共六縣
第二十三軍	劉存厚	城口　達縣	萬源	宣漢		共四縣
第二十四軍　川康邊防軍	劉文輝	雅安　滎經　丹巴　建昌道全境　名山、峨眉各一隅	天全　漢源　金湯	蘆山　綏靖　西康全境	寶興　崇化	共約三十縣
第二十八軍	鄧錫侯	華陽　新繁　灌縣　樂至　懋功	金堂　溫江　崇寧　松潘　汶川	新都　彭縣　崇慶　理番	漢州　郫縣　大邑　茂縣	
第二十九軍	田頌堯	三合　關中　南江　廣元　江油　什邡　德陽　南充之一部	中江　蒼溪　巴中　劍閣　北川　成都　彰明	鹽亭　儀隴　南部　綿陽　安縣　蓬溪　梓潼	射洪　通江　昭化　平武　綿竹　羅江	約計三十八縣

部隊番號	主官姓名	防區轄縣				附記
新編第六師	李家鈺	簡陽　雙流　新津　邛崍　遂寧　安岳　潼南　資陽　蒲江				
第二十一軍	劉湘	敘府　嘉定　仁壽　富順　瀘縣　江安　自流井　洪雅　涪陵　南川　江津　綦江　雷波　馬邊　屏山　酉陽　秀水　彭山　黔江　鄰水　大竹　內江　忠縣　酆都　石柱　萬縣　梁山　開縣　巫山　夔府　長壽　墊江　巴縣　江北				除其他各防區所轄各縣外均屬之
新編第二十三師	羅澤洲	資中　名山、邛崍、簡陽、雙流各一部				

　　各軍在防區內所徵賦稅，均超過原額數倍，其臨時攤派之款，與經手人浮收中飽之數，尚不能計。茲就安縣自十四年八月起，至二十三年十二月底止，縣局所籌各款，列表如次：

（甲）安縣逐年籌款表

	款別	數目（元）	徵收情形
田賦預徵及隨糧附加各款	田賦	4,528,583.57644	安縣田賦每年額徵洋為七萬四千一百九十六元四角三分九厘，駐軍增為七萬八千〇七十九元〇二分七厘一毫八絲，由十五年起，徵至七十二年止，共徵五十八筆如上數。
	龍綿地方銀行基金	156,158.05436	十五年，駐軍設立龍綿地方銀行，徵兩年糧款如上數。
	西北銀行基金	156,158.05436	二十二年，駐軍設立西北銀行，徵兩年糧款如上數。
	戰時補助費	234,237.08154	二十二年，駐軍因戰事失敗，徵三年糧款如上數。
	剿赤經費	312,316.10872	二十二年，駐軍令籌二十八萬元，縣局勒徵四年糧款應之，如上數。
	馬路修造費	234,237.58154	由縣勒徵三年糧款如上數。

款別		數目（元）	徵收情形
田賦預徵及隨糧附加各款	公路建築費	195,197.56795	徵兩年米糧款如上數。
	縣局公費及地方各項經費	1,850,574.34550	安縣田賦，向無附加。自十二年起，始每年徵附加銀五千〇七十〇六分六厘七毫。十四年以後，係由附加縣局公費，每糧一兩，年附加銀三十六元五角，十四年起，至二十三年止，十年共徵如上數。
	合計	7,667,461.87041	自十四年起，至二十三年十二月止，十年共徵如上數。
油稅		139,608.52500	民十以前，最旺之年，不過一千八百六十一元四角四分七厘，自十四年起，數為競包，並逐年增加，竟達十倍，十年共加之數，已達民十以前最旺年七十五倍，共徵如上數。
契稅	契稅正款	860,697.82260	安縣契稅稅率為一錢，民十以前，契稅正款，每年不過四萬三千四百六十九元餘。自十四年起，縣局各有附加；又加以中資捐及地方之附加，每買價一百元，須納契稅二十二元有奇，竟超過正稅稅率一倍以上，十年共徵如上數。
	驗契稅	54,951.48000	安縣驗契稅，原定買價一百二十元，錢二百釧，以上為大契，以下為小契，大契每張四元四角，小契一元二角，年收不過五千元。自十四年起，改買價銀二十元，錢二十釧，並加以十倍至數十倍之罰金，年收達六千餘元，九年共徵如上數。
	合計	915,649.30260	由十四年八月起，至二十三年七月止，九年共徵如上數。

款別		數目（元）	徵收情形
屠宰稅		688,500.00000	安縣屠宰稅，除牛羊不計外；每豬一支，徵洋五角，年約三萬支，不過徵洋五萬元。自十四年起，加至每豬一隻，徵洋二元五角五仙，三萬隻年收七萬六千五百元，九年共徵如上數。
菸酒公賣費		293,400.00000	安縣向不產菸，僅有酒稅，以前不過年徵三千餘元。自十四年起，改為競包，年收三萬餘元，九年共徵如上數。
鴉片煙捐	煙畝捐	893,869.00000	安縣向無煙畝捐之負擔，自十四年起，縣府提倡種煙，按畝抽收，第一年不過五千元，第二年改為按一年之糧款攤派，收達七萬八千餘元，第三年以後，則增為按一年半糧款攤派，達十一萬七千一百餘元，九年共徵如上數。
	煙市捐	540,000.00000	每百兩抽收煙市捐五兩，安縣每年出售達三百萬兩，計可收捐五萬兩。照歷年市價平均計算，每兩四角，年合收捐六萬元，九年共收如上數。
	販運捐	270,000.00000	每煙一百兩，抽販運捐二兩五錢，以三百萬兩計，共抽七萬五千兩，合銀三萬元，九年共收如上數。
	煙燈捐	252,000.00000	全縣月收二千四百元，年徵二萬八千元，九年共徵如上數。
	合計	1,955,869.00000	自十四年八月起，至二十三年七月止，九年共徵如上數。
變賣寺廟會館產業		390,000.00000	私人祠墓，亦有被其迫賣者，故收數如是之鉅。
礦稅	煤鎢	2,641.13100	安縣礦稅，較之他縣，為數甚少，十四年以後，仍照舊案徵收。
	課金	3,596.35500	
	合計	6,237.48600	九年共徵如上數。

款別		數目（元）	徵收情形
賭捐		67,800.00000	安縣向無賭捐，自十四年起，特開賭禁，月收六百元，九年共收如上數。縣府臨時抽收者，尚不在內。
富民捐		100,000.00000	抽收民眾銀行基金，每糧一兩，派捐一百元，名曰富民捐。
保安經費		204,000.00000	槍彈費八萬元，服裝費四萬元，月餉一萬四千元，共如上數。
汽車費		8,000.00000	由駐軍撥破舊汽車一輛，旋被收回後，即無下落。
昭廣統捐賠償費		6,000.00000	因包額過鉅，承包人收不足額，乃令承包人原籍地方賠償，二十一年係安縣人承包，由地方款項下撥補助費如上數。
各項補助費、雜支費等	縣府補助費	67,800.00000	安縣缺列二等，規定俸公每月七百七十元，按七二折開支，歷任均係如此。十四年以後歷任縣長，除照上數在解款項下扣支外；又在地稅課月支六百元補助費，九年共支如上數。
	財務局補助費	45,200.00000	安縣徵收局，原列三等，全縣經費六千元，按七折實支。十四年以後，勒令地稅課月支補助費四百元，九年共支如上數。
	司法補助費	45,200.00000	前無此例，自十四年起，由地稅課月支補助費四百元，九年共支如上數。
	地稅課支應各費	565,000.00000	收支向不公開，凡縣局一切活支，隨時在各稅項下附加，月達五千餘元，九年約計如上數。
	合計	723,200.00000	
糧籍證費		55,000.00000	每糧一柱，年給糧籍證一張，取洋一角，二十三年增為二角。安縣共有五萬餘糧柱，自十四年創徵起，至二十三年止，共徵如上數。

款別	數目（元）	徵收情形
隨糧加徵手續費	766,746.18704	駐軍以解款百分之五，獎勵辦款人員，即在解款內照扣，名為「內扣」；縣局秘不宣示，又飭團甲代徵，准其加徵一年手續費，名為「外扣」，代徵人只得十分之一。合計內外兩扣，每徵糧一年，縣局共得一成四，人民多納一成。計七十四年米正附稅正徵一成手續費如上數。
軍事費	80,000.00000	二十二年，籌辦軍費洋八萬元，內容如何？少有知者。
總計	14,067,472.37105	
附記		查安縣雖無富稅，尚有公質典稅（即小押當）及碾磑榨課茶捐牙行稅暨其他雜捐等款，仍照舊徵收；收額是否未變？未及詳查，故未列入。 又二十三年清共，駐軍在安縣逮捕多人，均拘于綿陽，月飭安縣解食費洋五百元，自五月起解，至何時完竣。未及詳查，故未列入。

（乙）安縣各局奉令徵收軍款表

每月徵解數（元）	各月徵解總數（元）	備考
5,800.0	40,600	十四年八月起，至十五年二月止，共如上數。
8,500.0	144,500	十五年三月起，至十六年七月止，共如上數。
12,400.0	86,800	十六年八月起，至十七年二月止，共如上數。
14,800.0	251,600	十七年三月起，至十八年七月止，共如上數。
18,000.0	216,000	十八年八月起，至十九年七月止，共如上數。
21,625.0	281,125	十九年八月起，至二十年八月止，共如上數。
28,112.5	1,124,500	二十年九月起，至二十三年十二月止共如上數。
總計	2,145,125	
附記		本表所列各款，係縣局宣布奉令解繳軍款。與甲表比較，計甲表多徵一百一十九萬餘元，其中亦間有宣佈用途者；但是否屬實，無從查考；其含糊開支及苛捐雜派者，更無從查其究竟矣。

上列兩表，僅就安縣一縣而言，其餘概可想見。國

光為解除川民痛苦統一地方政治機構起見，當即呈請嚴
令各軍撤銷防區，限于二月底將防區內政移交還省府。
並飭四川省府主席劉湘于三月一日成立新省府，與各
軍妥商接收防區辦法。即自三月一日起：凡川省軍政各
費，統由新省府核定籌發；各項收入，亦完全由新省府
統收；各縣長徵收局長及其他一切行政官吏，均由省府
甄別任免，各軍不得再行就地派捐籌款及委派行政官
吏，一掃以前把持紛亂積習。因慮各軍尚有徘徊觀望
者，不能遵限辦理，復電令各軍政長官，愷切誥誡曰：

川亂頻年，軍民交困，防區特制，實為屬階！政治
機能，失運用之力；社會經濟，陷崩潰之途。故邦
人有封建之譏，貽各國無組織之誚。而赤匪乘隙，
以為逋逃之藪。（徐張既盤踞于北岸，朱毛後竄擾
于南隆。）今雖幸賴各軍奮勇合圍，群醜有驅除之
望。然剿匪須用「七分政治」，已成顛撲不破之原
則。否則軍隊方盡力剿匪于局部，而政治乃普遍造
匪于無形。所謂：「狐埋狐搰」，其滑稽矛盾，寧
逾于此？今值該省政府改組成立。各軍將領已先後
宣言：「打破防區，交還政權」。足見剝極必復，
新機已生。殊堪嘉慰！惟遷善貴在力行，除弊尤宜
迅速。望該省政府與各軍將領妥商接收各戰區辦
法，剋日移交具報，無稍瞻顧！自茲該省政府負責
改善政治；各將領專心整理軍隊。共集統一之勳，
漸造康郎之治。四川之復興，即為中華民族復興之
基石。該省政府與各將領責任綦重，其各勉旃！
各將領均能仰體斯旨，撤銷防區，交還政權。先是

鄧錫侯于新省府成立時，首先歸政省府。同時楊森率領所部，離開川北防區，調往川南。于是各軍均陸續遵辦；並先後電復。茲依次照來如左：

鄧錫侯電

　　號亥行參治電奉悉。訓誨諄切，彌增感奮！謹當遵照辦理，仰副鈞座眷顧西陲鞏固國基之至意。謹電復呈。

楊森電

　　號亥行參治電奉悉。承示應妥商省府接收戍區行財政辦法，剋日移交報查；並須專心整頓軍隊各等因。謹遵照辦理。肅此奉復。

李家鈺電

　　慨自川政不綱，防區制起，紛紜擾擾，歷有多年！今者省府告成，群情望治，刷新庶政，指顧可期。家鈺分屬軍人，夙以擁護統一為職志，首抒忱悃，交還政權，曾以佳、寒各電專陳劉主席在案。從此專心軍旅，得遂初衷，效命疆場，用盡職責。謹電陳詞，伏冀鑒察！

羅澤洲電

　　職為破除防區，特別促成川政統一：當省府成立之日，即已呈請派員接收本區行財各政。其與新編第六師共駐之簡、雙、邛各縣，亦已電請李師長查照移交。務懇鈞座主持，早日派員接收。職則一意治軍，努力剿匪，以求完成所負之任務也。謹電奉呈。

田頌堯電

川人望治，喁喁已久，促成統一，實堯素志，歸政中央，早具決心。鈞座注重西陲，銳意整理。謹遵令與省政府商洽接收辦法，用抒廑系。謹電奉復，敬祈鑒察！

劉文輝電

蜀政失紐，演為防區，拜誦訓詞，病源若揭。現在遠承威德，漸解兵氛。統一省政，煥發新猷，實為全川渴望之事。文輝凤叨教令，翊贊久殷，自當遵照電令，與劉主席接商統一辦法，以副廑懷而慰民望。謹復。

劉湘電一

奉讀號亥行參治電，仰見鈞座勉督群僚尊重法治之至意，下懷至為欽感！（除湘所部二十一軍駐防各縣行財政事務，業于省府成立之日，正式函請接收，並將從來卷宗，商洽移送管理，劃清權責外，）復據鄧總指揮（晉康）元電，楊軍長（子惠）寒電，申明交還政權，請即派員接收；又據田總指揮（頌堯）、李總指揮（家鈺）真電，羅副指揮（澤洲）文電，錄報各該區縣長姓名前來。均經電復嘉勉，並擬分別加委，以專責成。茲復荷蒙分電飭交。各該指揮等翊贊宏模，自能奉行惟謹。一俟政務接收事竣，再行專案呈報。謹將辦理情形，先行呈復，伏維垂察！

劉湘電二

川省各軍防區行財政務，已定于三月份起，由省政

府接收。各軍薪餉，亦于三月份起，統籌發放。特
電陳明，伏乞鑒察！

　　四川省政府先于三月一日，在重慶成立；迨接收各
軍政權統一全川後，即移治成都。十數年之防區惡制，
始根本剷除。

　　然川省府成立伊始，政治機構，均係創造，無成例
可援。經令據川省府依照前南昌行營頒布之省政府合署
辦公辦法大綱擬呈四川省政府合署辦公施行規則前來，
復經依據大綱之立法精神，並仿鄂、皖、贛、閩各省
先例，參酌川省情形，詳加修正，于四月抄發川省府遵
行；至是，川省之政治上層機構，亦告完備矣。

貴州

　　貴州崇山峻嶺，地勢崎嶇，與外省交通阻塞，苗
夷雜處其中，形同化外。清代幾經剿撫，始逐漸改土
歸流。民初以還，軍人割據，紛亂情形，不殊川省。
二十四年四月以前，貴州省政府主席為王家烈。其政令
僅能達于中路及南路之一部，東路則有車鳴翼、廖懷忠
等，南路則有楊其昌，西路則有猶國材、吳劍平等，北
路則有侯之擔、蔣在珍等。在各該防區以內一切行政官
吏，名義上雖由省政府任免，不似川省之直接委派，但
均係由各該防區內軍事長官保薦。一切賦稅及佔大宗收
入之禁煙罰金，亦交由駐軍或其防區內之縣長，徵收抵
解，省府不過循例劃諾耳。

　　四月，國民政府命令改組貴州省政府，簡派吳忠信

為貴川省政府主席。時委員長駐節貴陽，將各軍分別收編移防，政權悉歸省府，一切均依四川成例辦理，遵行頗為順利云。

西康

西康原屬劉文輝防地。因其地處邊陲，氣候寒冷，國人向少注意。然其礦產豐富，且為四川屏蔽，在復興民族根據地（四川）口號之下，亦未可忽視！委員長曾一再督促劉文輝依照國民政府公布之西康建省委員會組織條例（載附錄）組織建省委員會。所有一切問題，均與行政院往返電商。旋接行政院電開：

> 查關于西康政治組織，前經中政會議議決：西康省政府未成立前，設西康建省委員會，並執行所屬地方一切政權。並經國府制定西康建省委員會組織條例，公布施行；明令任命劉文輝等為委員。上月間據該會委員長兼川康邊防總指揮劉文輝呈送行政經費概算，請鑒核等情；經院會決議：每月補助一萬元，列入二十四年度預算，各在案。茲復據呈稱：「查西康土廣人稀，茲就聯軍上年收復各縣，適用固有各縣，合併計算，現在不過二十縣。實皆磽瘠不毛，迴殊內地。凡百需要，自給萬難！既欲建省，則一切非資補助不為功。
>
> 詳查舊案：前清邊務大將趙爾豐經略西康，其時由川省每年協助：計撥油糖兩稅共銀十八萬兩；滇省復另有協餉；又由戶部撥給江海、江漢兩關稅銀一百萬兩；餘如開墾及別項建設之大宗經費，則又

特別受濟于中樞。自入民國，政局靡常，前項協撥
之款，雖均停止；然西康邊費，其按月受濟于國稅
者，猶有鹽款十二萬元；後雖減為八萬元，仍為按
月可恃的款。並以川省近邊各縣賦稅，劃歸邊區，
直接經收，自行挹注。今則鹽款自二十二年夏秋以
後，即已分厘未撥。現值川政統一，近邊各縣稅
入，自應交還川省。若專恃康區荒涼寂寞之二十縣
微末賦稅，供給各項需要，其能否稍展尺寸，支持
旦夕？情勢至為瞭然。此專就財用方面言之也。

又查前清經營西康之時，因糧米、布帛、鹽、茶暨
各項必須之品，多非邊地所出。供求稍不應手，
窒礙立即叢生；而關外運輸，尤恃內地交通聯貫無
阻，始免稽延停滯，貽誤事機。爰飭近邊之名、
洪、天、蘆、邛、蒲、大邑等縣，咸受邊務大將
直接約束，以資措置裕如。民元以來，遂暫將以
上各縣劃入邊區範圍；又因雅屬為康、寧咽喉，寧
屬全境橫貫金江，番夷雜處；而康南又與寧屬一氣
銜接。康南番眾，素稱兇狡難馴；寧屬土司，復多
恃險妄為，輒與康南番眾，同惡相濟，聲息互通。
作奸犯科，逋逃甚易。前清正謀改制，意在破除畛
域，拔本塞源。值國亂而中止。誠以此牽彼掣，控
制難施。勢非合康南、寧、雅，咸受治于同一範
圍，直無由杜漸銷萌，永戢邊患。此就地理、文
化、人事、政治關係而言。川康兩省之區界，又確
有礙難絕對分離之情形也。

茲值康省籌建之初，固將以樹百世之規模，謀萬民

之樂利；其關于國家民族前途者，至重且遠。仰維
樞府，總挈宏綱，必能統籌兼顧。鈞座盱衡全局，
早已洞燭邊情。所有康省財用，究應如何補充？
康省區地，究應如何裒益？」請核示，等情；經飭
據內政、軍政、財政、實業、教育各部及蒙藏委員
會審查報告稱：『查西康為西陲要地，關係國防至
鉅；既經中央決議立建省委員會，自應從速進行。
來呈稱西康地瘠民貧，向係受濟之區，川康毗鄰，
在此康省籌建之初，關係正密切，尚屬實在情形。
惟現在川省，正值屬行廢除防區制度，力行統一
民、財各政之時。又黃專使（慕松）上年九月間，
于赴藏途中，曾以江電陳述對于西康建省意見，亦
有『若將雅、寧兩府併入，則正合藏人平昔所唱；
邛州以南，應為中藏疆界之主張。……』等語；是
來呈所請裒益地區一節，于川藏問題，均有關係，
似應徵求關係各方意見，詳慎審究。
至所請補充財用一節，來呈主旨，似在請求中央協
款；是否包括軍費在內？未據明白聲敘。查川省
各軍之費，現在正由四川省政府統籌放發。西康建
省委員會行政經費，亦經院、會核定每月補助一萬
元，列入二十四年度預算。此外如需建設經費，
似宜俟建省委員會成立，擬定建設計劃後，再行
核辦。
本案事關重要，擬由院先電四川省政府徵詢意見，
並查案詳敘經過情形，電請蔣委員長就近商洽，俟
復到再行辦理。」等語；提出本院第二零八次會議

議決：「照審查意見通過」。特電奉達，敬希就近
與甫澄、自乾兩兄商洽見復，為荷！

經將原電抄發劉湘，令其悉心核議具復。劉湘于六
月二十八日呈稱：

……竊維西康建省，前清已著手經營，自無不樂為
贊成之理。惟是一旦實行，勢必先劃疆域；康藏糾
紛，歷開戰釁，皆緣劃界問題，至今尚未解決。當
此內憂外患交迫之際，誠恐牽動邊防，一時力難兼
顧，為禍將不可勝言！此不容不審慎者一也。

又自康定以西，素同化外。若遽建為行省，則國家
一切法令，不得不與內地從同，削足適履，格不相
入；倘仍另訂適當法令，則仍是特別區而非行省
制矣。統一國家，應亦不應有此。此不容不審慎
者二也。

至寧、雅兩屬，久隸川省，其人民智識程度，風俗
習慣，皆與成、渝無殊，而較康民遠勝；倘劃界西
康，竊恐大起糾紛，死力反對。況該兩屬民、財、
建、教，俱已辦有規模；國地兩稅，皆有定率。合
之始為整個四川；分之則又問題複雜。此不容不審
慎者三也。

職再三考量：竊以為此時西康，祇應為建省準備，
若名義上驟有更易，或建置行省，恐非如此簡單。
且川省當剿匪嚴重時期，軍費猶萬分困難！無力協
助，更不待言。經在渝提付省務會議，意見僉同。
仰荷垂詢，自應竭誠貢獻。是否有當？伏乞鈞座俯
賜察核訓示祇遵！

　　來呈經轉達行政院交各關係部會審查，以劉文輝請
分劃四川寧、雅一節，事實上窒礙太多，應暫從緩議。
准行政院電復查照後，已轉飭川康當局知照。同時並據
劉文輝先後請示關于西康軍政事項：

一、請確定西康國防軍額。

二、請指派政訓人員到部指導工作。

三、請飭川省府增加二十四軍餉，（原定由川省府月撥
　　十二萬元）並請由國庫項下，核發西康部隊應需
　　餉款。

四、邊地協款，請照從前經邊成案，按年由國庫酌濟若
　　干，以資補助。

五、邊疆應如何分劃？

六、建省會擬于七月內成立。並暫置雅安，俟軍事平
　　定，即移設康定。

　　經分別核示如次：

一、現在川省財政，國庫、省庫之支出，一時不能劃
　　分。西康軍額，應以二十四軍及西康部隊合併切
　　實縮編，應需餉款，俟縮編核定後，當飭省府，
　　依額照撥。

二、該軍政訓人員，准照指派；並應注重化導康民之指
　　導工作。

三、西康疆域問題，應暫以金沙江以東之十八縣為基
　　礎；俟經營略有成效，再擬劃界，以免多生糾紛。

四、建委會于七月內先行成立，自可照辦；惟應極力縮
　　小範圍，以能處理當前最急最要之政務為限，會中
　　佐理人員，應多以諳習康情熱心邊務者充之，編制

預算，另擬呈核。

五、建委會既以籌備西康建省為目的，應速以移設康
定為是。寧、雅各屬之民、財各政，該軍及建委會
不可再為干預，應由川省府負責接管，以清權責；
惟寧、雅為入康要道，且屬該軍後方，自應力予協
助，俾得充分之便利。所有切實協助之辦法，由建
委會與川省府妥為協定呈核。

六、西康籌備建省，應確定當前中心工作，如：

    1. 軍隊縮編後，應一面防堵共匪西竄，一面集中
       整理訓練，俾成勁旅；

    2. 趕緊以工兵建築雅康公路，以開發交通；

    3. 籌辦開化康民之特種教育。

    西康建省會于七月二十二日成立，內部組織有權責
處及民、財、建、教、保五科，亦猶省府之有廳處，特
具體而微耳。

二、改革地方政制

四川

    川省幅員遼闊，共轄一百四十八縣、三屯、一設治
局。前清設府十二，直隸州八，直隸廳三。民初改設五
道。均係分區管轄，故治理尚易。廢道以後，各縣直隸
于省，距省治窵遠，又兼以交通不便；一切政治設施，
每感鞭長莫及之苦！值防區初廢棼亂待理之時，更宜
分區整理，多方鞭策。使上下銜接，運用靈活，庶免
扞格之虞。前此豫、鄂、皖、贛、閩各剿匪省份所行

之行政督察專員制度，頗著成效；若行之川省，尤為切合實際需要。國光有見及此，經商得劉湘同意。于二月電請委員長核示。奉批：「川省善後，應從劃區實行之政督察專員制做起，自屬中肯扼要。俟詳細計劃寄達，再行分別核示可也！」

國光復與劉湘向磋商：參照舊時府制及山川、風土、民情，劃全川為十八「行政督察區」，如左圖表：

四川省行政督察區駐地轄縣一覽表

區別	駐地	轄縣			縣數	備考
第一區	新津	成都 灌縣 溫江 崇慶	華陽 新繁 雙流 崇寧	新都 郫縣 新津 彭縣	12	本區為舊成都府屬，平原沃衍，交通四達。區小人稠，兼為省會所在地，故劃作一區。新津有公路可達溫、成、郫、崇、灌各縣，餘有水路可通，交通甚便。又當川康公路孔道，故作專員駐地。
第二區	資中	資陽 威遠 仁壽	資中 榮縣 簡陽	內江 井研	8	資、內、榮、威各縣，均產糖鹽，為四川經濟上重要區域，故劃為一區，以便統籌。且為成渝交通孔道，政治設施，亦關重要。資中濱沱江，水陸交通，與區內各縣較便，故作專員駐地。
第三區	永川	巴縣 永川 璧山 銅梁	江津 榮昌 江北	綦江 大足 合川	10	永、榮、銅、大、璧等縣接境東西山，匪風甚熾，應聯防清剿，江、巴為兩江合流總匯，津、綦為入黔孔道，合川地當三江之口，故劃為一區。永川當成渝路之衝要，為鎮攝各縣匪患起見，故作專員駐地。
第四區	眉山	洪雅 眉山 邛崍	夾江 丹陵 大邑	青神 蒲江 彭山	9	眉、彭、青、丹舊為眉屬，洪、夾與青、丹西境相接，蒲、大與丹、彭啣接，故劃為一區。眉山地濱岷江，交通較便，故作專員駐地。

區別	駐地	轄縣			縣數	備考
第五區	馬邊	犍為 峨眉 雷波	樂山 馬邊	屏山 峨邊	7	犍、樂係鹽絲產場，為區內較優之縣；且地濱大江，兼為各縣出入孔道。惟雷、馬、屏、峨接壤夷巢，極應墾殖，邊防亦關重要，故以馬邊作專員駐地。
第六區	宜賓	宜賓 慶符 珙縣	南溪 江安 高縣	長壽 興文 筠連	9	本區轄縣貧瘠，高、珙、慶、長、興、筠等縣，舊為敘屬，南溪、江安，亦距宜賓為近，故劃作一區，宜賓濱大江，故作為專員駐地。
第七區	瀘縣	瀘縣 合江 古藺	隆昌 納溪 敘永	富順 古宋	8	敘、藺、宋為川黔陸行要道，瀘縣由大江直達赤水，為邊防鎖鑰，富、合、納均與瀘縣接境，故專員即駐瀘縣。
第八區	酉陽	黔江 彭水 秀山	酆都 涪陵 石柱	南川 酉陽	8	酉、秀、黔、彭、石，接壤黔、湘、鄂三省，酆、涪為該五縣出口，故劃為一區。為顧慮邊防計，以駐酉陽為適宜。
第九區	奉節	奉節 雲陽 忠縣	巫山 萬縣 城口	巫溪 開縣	8	奉、大、巫、雲、開、萬，舊為夔屬，而巫與城口毘連陝、鄂，忠縣地濱大江，與萬縣接壤，故劃為一區。奉節兼領大江南北兩岸，故作專員駐地。
第十區	大竹	渠縣 大竹 長壽	廣安 鄰水	梁山 墊江	7	渠、大、鄰、墊、長接境大山，素為匪窟，渠、廣，接近鄰、大，故劃為一區，以便清剿。大竹為川鄂幹路計劃經過地點，將來交通便利，故設置專，便於督剿。
第十一區	南充	南充 蓬安 南部	岳池 營山 武勝	西充 儀隴	8	武、岳、營、蓬、西充、南部等縣，均與南充毘連，儀隴與南部緊接，故劃為一區。南充水陸交通，均比他縣較便，且地位適中，故作為專員駐地。
第十二區	遂寧	遂寧 樂至 射洪	潼南 中江 鹽亭	安岳 三台 蓬溪	9	本區各縣，為舊潼川屬，潼南舊為遂寧分縣，故劃為一區。遂寧地濱涪江，公路縱橫，專員駐此，交通方便。

區別	駐地	轄縣			縣數	備考
第十三區	綿陽	綿陽 羅江 什邡	梓潼 綿竹 廣漢	安縣 德陽 金堂	9	廣漢、德陽、羅江、綿陽、梓潼，均為入陝通衢，金堂與廣漢接壤，綿竹、安縣緊接德、羅、綿西北，故劃為一區。綿陽為區內水陸交通要道，故作專員駐地。
第十四區	劍閣	劍閣 昭化 北川	蒼溪 江油 平武	廣元 彰明 閬中	9	昭、廣、劍、閬、蒼等縣，為舊保屬，西北與江、彰、平、北各縣密接，區域雖廣，然地瘠民貧，故劃為一區。劍閣為區內交通較為適中之地，故專員駐此。
第十五區	巴中	達縣 宣漢 南江	開江 萬源	巴中 通江	7	本區各縣為匪陷區域，開江接壤達、宜，故劃為一區。尤以通、南、巴受匪禍最深，故專署設巴中，以便就近剿匪清鄉。
第十六區	茂縣	理番 懋功 崇化	汶川 松潘 綏靖	茂縣 撫邊	8	本區接近夷地，撫夷屯邊，均關重要，二十八年前曾設屯殖司令，故仍劃為一區。茂縣濱連岷江及成松公路，故作專員駐地。
第十七區	雅安	雅安 寶興 漢源	名山 天全 金湯	蘆山 榮經	8	本區與川康特區毘連，名、雅、榮、漢為出入要道，蘆山、天全與十六區懋功聯絡，漢源與十八區越嶲聯絡，故劃為一區。雅安水路通岷江，公路通成都，故作專員駐地。
第十八區	西昌	西昌 會理 冕寧	昭覺 鹽邊 越嶲	寧南 鹽源	8	區轄各縣，為舊寧遠屬，與西藏、雲南連界，為川省上南重鎮，邊防撫夷，均關重要，故特劃一區。西昌地位適中，故作專員駐地。

　　旋由劉湘先後擬呈計劃前來。國光復加具意見轉呈委員長曰：

　　竊查川省現轄一百四十八縣，為全國中較大省份。在昔政令推行，早感鞭長莫及之苦！邇來軍人割據，號為防區；防區以內，各自為政，省府號令不

行，地方紛亂滋甚！際茲勵行清剿之時，欲圖改良政治，必先打破『防區制度』，健全政治組織。而後各種有效辦法，……乃可次第見諸實施。

國光入川以後，詳慎體察，以為欲達上述兩種目的之途逕，非速仿照豫、皖……各省先例施行行政督察專員制度不可。謹就所見，分陳如次：

各軍防區（有多至數十縣，少僅三、五縣者），均係武力造成，本非自然區域。若根據地形、戶口、交通、經濟狀況、人民習慣另為區劃，每區設一職權較崇之專員以統制之，則各軍防區，自然無形消滅。此其一。

川省幅員廣闊，省府艱于統馭，各縣苦乏稟承，軍人蹈隙乘間，遂竊政柄，是為「防區制度」產生之遠因。若特設專員，節制一方，使省府政令之達于各區，如身之使臂；各區政令之行于各縣，如臂之使指。政治之本身健全，效能增進，則盜竊魁柄者，自無由而入。此其二。

國光根據以上意旨，經與川省府方面，往復籌商，詢謀合同。惟關于行政督察區域之劃分，專員之委用，公署組織及經費四項，川省府所擬辦法，與本團原擬，微有出入。復經國光詳加審核：川省府所擬，（除第「一」區域一項：「特酌地方情形，分為十八區」，暨表列之「區別」、「駐地」、「縣名」三欄，較為詳善；又第「四」項經費第「2」款：「二十三年度以內，擬自公署成立起，至六月底止，由行營酌予津貼，餘由省庫開支，二十四年

度全數由省庫撥給」。于事實法例，尚能兼顧，可以照辦外。）餘所擬第「二」項關于專員之任用：「擬由省府呈請委座委用，」一節。核與豫鄂皖三省剿匪總司令部所頒之剿匪區內各省行政督察專員公署組織條例第四條：「專員由本部委派」之規定不符。

所擬第「三」項：「各區專員，酌分為繁、中、簡三等」，又第「四」項：「專員俸公：一等月支四千元；二等月支三千五百元；三等月支三千元」。所附之二、三等預算表，對于組織條例第五條所規定之「署員四人，事務員六人。」均減設。公費、旅費，比照豫、鄂、皖等省，二等每月各減一百元，三等每月各減二百元。所減之經費有限，事實滯礙實多。

同一剿匪省區，政治彼此歧異，似欠妥善！且專員制度，既為打破防區健全組織而設。專員人選，若由省府呈請委任，則聲望稍替，將來之成績，亦難如所期。……似不如一切均飭照三省總部所頒之組織條例辦理：專員由鈞座委派；公署組織經費，不分等級，統照三省總部所頒甲種預算表之規定，月支五千二百五十元。自成立日起，至本年六月底止，專員方面之四千元，（賀國光註：餘一千二百五十元，係專員兼領之縣府經費。）按月由行營津貼；縣府方面之一千二百五十元，由省庫開支。自本年七月一日起，全數由省庫撥給。各省各區辦法一致，庶幾政制無分歧之嫌，推進獲均衡

之效。所有川省應設行政督察專員暨審核所擬辦法
緣由，是否有當？理合繪具川省行政督察區域圖，
（圖見前）並繕具三省總部原規定之甲種預算表，
連同川省府所擬辦法原案，（均略）一併具文賫請
鈞座鑒核示遵！

奉批：

　專員由行營委派；專員公署經費，准照閩省成例，
于設立之始，每月每區由行營補助二千元，按九折
發給，以三個月為限。嗣後專員公署經費全部，
應編入川省二十四年度預算，完全由省庫開支。
餘如擬。

乃令劉湘曰：

　兩呈暨附件均悉。據呈請照本行營規定：分區設置
行政督察專員，係為適應該省需要增進行政效能起
見。自應照辦。茲將各項要點，分別指示如次：

一、專員之督察任務，重在其積極的創造方面。
　　（非苟安維持于現狀中。）故所轄各縣，原
　　有所謂缺分之繁簡，不足以為專員公署政務
　　繁簡之標準。（甚或愈簡陋之區域，需要努
　　力創造之處更多。）故所擬編制預算分為
　　一、二、三等一層，著無庸議！所有專員公
　　署組織，應依前三省總部及南昌行營所頒各
　　項法令辦理。如有特殊情形，不能不稍事變
　　通。亦須詳述理由，以憑察奪。仰即遵照，
　　另擬呈核！

二、專員任用，由行營直接委派。

三、專員公署經費，准照閩省成例，于設立之始，
每月每區由行營補助二千元，按九折發給，以
三個月為限。嗣後其經費之全部，應編入該省
二十四年度預算，完全由省庫開支。

四、所擬劃全省為十八區及劃定各區轄境與專員
駐在地點，尚屬妥善！皆准照辦。

五、行政督察專員設置以後，有數事應特別注意：

　　1. 組織民眾：應依照三省總部所頒之編查保
　　　甲戶口條例辦理。

　　2. 編練團隊：應依三省總部所頒之各省民團
　　　整理條例及南昌行營所頒之保安制度改進
　　　大綱辦理。

　　3. 整理財政：應照三省總部所頒之整理縣地
　　　方財政章程辦理。

　　4. 改善地方行政組織：應照南昌行營所頒之各
　　　縣政府裁局改科及各縣分區設署兩種辦法
　　　大綱辦理。

至省政府對于專員監督指揮，與專員對于所轄各
縣督察權之行使，尤須依照南昌行營所頒之專員
職責系統劃分辦法，切實施行。

至于創設專員制度之意義及其關係與完成清剿改
善政治之重要作用，業經于頒發及修正專員公署
組織條例之各項訓令中，剴切詳述。該省府與各
專員，務須明確認識，妥善運用，期收實效，是
為至要！

其時川省防區，甫經撤銷。各軍對于專員制度之意

義，至多未盡明瞭之處。因檢發各種有關法令文告，闡述大意，令各軍曰：

查剿匪省份，自設立行政督察專員以來，于澄清吏治，協助剿匪，辦理善後，均收效極宏。良由此項制度：係擷取吾國「兵備道」、「直隸州」及「知府」各種舊制之長，而增益其所不及。在地域遼闊交通不便之省份，欲求政府推行政令，無鞭長莫及呼應不靈之苦，對各縣長克收指臂相使察督易用之效，尤非實行此項專員制度，殆無其他善策。

今據四川省政府以援照剿匪各省先例，劃該省為十八行政督察區，各設行政督察專員，以為完成清剿改善政治之樞紐。等情；呈請核示前來。自係切合該省實際之需要。業經指令照准。所有各區專員，統由本委員長行營遴選任命。

惟各區專員與用地駐軍，關係至為密切；而事屬創制，深恐各行政區駐軍，對于立法要旨，未盡明瞭。（除已以省秘渝電扼要提示外），茲特將凡與專員制度有關之法令文告，一併分別檢發。務仰對各該法令文告之內容意義，體認明確，毋得忽視！須知行政督察專員：一方面為省政府之輔佐者，作其手足耳目之實；同時並為各縣政府之監督指導機關。其職責綦重，其體制綦隆。各區駐軍對專員須竭力協助，互相尊重。毋得遇事諉卸，或侵越干涉。是為至要！

四月四日，劉湘擬具專員公署辦事細則暨經費預算

表等項前來。其所呈細則，類似通則。自不如仍仿各省
先例，由各專署自行擬行，俾有伸縮餘地。又川省團
隊，前者未經政治訓練，現在既有區保安司令之設，
若添設政治訓練員專司訓練，亦改良素質之一法，乃
令劉湘曰：

> 查所擬劃區表尚無不合，應准備案。編制經費表，
> 應加添政治訓練員二員；其薪水仍由派駐機關之
> 省保安處直接支給，不在專員公署經費之內。茲另
> 編列附發飭遵！惟關于專員公署所有各職員之職掌
> 及分科等事，均已在頒行專員公署之辦事通則中詳
> 明規定；而關于專員職責系統及上下行文書處理等
> 事，則有二十三年七月一日前南昌行營所頒之各省
> 行政督察專員職責系統劃分辦法可循，省政府祇須
> 責令各區專員依據上項辦事通則及劃分辦法，切實
> 遵照，毋庸再頒含有通則性質之辦事細則。其他剿
> 匪各省，亦均屬如此。蓋各專署內部之辦事細則，
> 應由各該專員斟酌其佐理及雇用各員之情形，分別
> 自行擬訂後，呈報省府備案。亦不必籠統規定，使
> 其失伸縮餘地，轉滋困難！倘省府認為對各專署理
> 處事除程序有必須指示之要，則在不牴觸原規定各
> 種法令範圍之內，隨時以命令行之可也！

川省專員制度釐定後，行營于五月頒發關防，遴員
委派；並調鄂、豫等省富有經驗之專員數人來川，以資
表率；復令各專員于赴任之初，齊集成都，講習現行法
令，一如閩省初設專員時成例。

嗣因原定各區專員駐地，未盡適合當時情況。復令

改正：計第一區由新津移駐溫江；第五區由馬邊移駐樂
山；第九區由奉節移駐萬縣；第十五區由巴中移駐達
縣，俟軍事救平，政治就緒，再行回復駐地。餘區則悉
仍舊貫焉。

此外如裁局改科，分區設署，各種政制，亦次第推
行。所有縣區兩級各種政制條規，如：四川省各縣政府
組織暫行規程，四川省各縣分區設署辦法施行細則，四
川省各縣區署辦事通則等（均載附錄），均經先後核
定。川省各級行政機構，于以大備。數月之中，頓改舊
規。是以一切政治設施，亦漸能與先進各省，齊頭並
進，皆撤銷防區改善政制之功效也。

貴州

四川地方政制改革以後，貴州亦仿其成例，陸續推
行。委員長駐節貴陽時，即諭令貴州省政府劃分全省為
十一行政督察區（除第四區因所轄各縣面積較大，僅轄
五縣兩場，及第一區因在省會附近，共轄十縣外），以
轄七、八縣者較多。其專員人選，均經委員長審定，就
中亦多由他省調用。茲將貴州省劃分之行政督察區域，
繪圖列表如左：

貴州省行政督察區駐地轄縣一覽表

區別	駐地	轄縣			縣數	備考
第一區	定番	定番 修文 羅甸 清鎮	貴陽 息烽 廣順	龍里 開陽 長寨	10	本區為全省中樞；即貴陽府舊治，為求一二兩區間之幅員完整與管轄便利起見，劃入清鎮。定番位于省會之南，由大塘、羅甸兩路，均可直達貴陽，公路已通省城，故作專員駐地。
第二區	安順	安順 關嶺 平壩	織金 普定 紫雲	郎岱 鎮寧	8	區內各縣，為黔省精華，故劃作一區。安順為西面陸路交通樞紐，商務為全省冠，且居本區正中，故作專員駐地。
第三區	興仁	興仁 貞豐 普安	興義 盤縣 冊亨	安龍 安南	8	本區地處邊緣，西毗雲南，南鄰廣西，最為衝要地。然除安南、興仁、貞豐外；大都重岡複嶺，夙號瘠苦。安龍數遭桂匪侵軼。劃區後，可以雙方控制。興仁處全區中心，故作專員駐地。
第四區	畢節	畢節 威寧 兼轄納雍（大兔場）全河（新場）兩鎮	大定 水城	黔西	5	本區北接滇川，西連滇省，地處衝要。雖止五縣，而幅員遼闊，地方殷富。清畢路已接大定，交通已得三分之二。如畢赤、畢大兩段完成，事業均有發展。畢前為西北重鎮，為敘永入黔咽喉，又為本區東西交通關鍵，故專員駐此。
第五區	桐梓	桐梓 仁懷 鰼水	遵義 赤水	正安 綏陽	7	本區完全毗連川境，陸路交通便利，區內各縣治政，向較東南各縣易于推行，劃區統籌，繁榮可計日而俟。桐梓乃川省入黔第一重門戶，且居全區中心，專員駐此，可收三方控制之利。
第六區	思南	思南 湄潭 沿河	婺川 后坪 印江	鳳崗 德江	8	本區為烏江流域，以前兩岸之硝礦木植入口，地方深資利賴。後因兩岸沙石入江，航運遂衰。婺、沿、后、鳳數縣，山多田少，地方瘠苦，須合數縣之力，兼營並進。故劃作一區。思南為川鹽進口總匯，又居全區中心，故專員駐此。

區別	駐地	轄縣			縣數	備考
第七區	平越	平越 麻江	貴定 鑪山	甕安 餘慶	6	本區為烏江流域中段，區內雖有餘慶江另一河流，然水淺少利，陸路又不當孔道，在交通上不利發展。惟幅員狹小，易于圖治。平越處全區中段，故專員駐此。
第八區	鎮遠	鎮遠 青谿 台拱	施秉 三穗	黃平 岑鞏	7	本區東與湖南接壤，鎮遠河流，居沅江上游，現已淤塞。區內各縣，夙稱瘠貧，均有賴于專員之通盤籌劃。鎮遠為東南重鎮，綰轂湘黔交通，且為湘黔公路經過之地，故專員駐此。
第九區	銅仁	銅仁 玉屏	省溪 松桃	江口 石阡	6	本區東面完全毘湘，北連川境，區內有水銀硃砂甚富，其地實兩省華離，清代兩省人民，相爭最烈。民初由銅仁縣人開辦，後始廢棄。銅仁為湘省入黔門戶，位辰水上流，水運甚便，全區形成三角，該縣洽居三方交點，故作專員駐地。
第十區	黎平	黎平 下江 天柱	永從 錦屏	榕江 劍河	7	本區東接湘省，南鄰廣西，邊隔巖疆，天然重。全區舊屬苗疆，人口不旺，田土未闢，文化尤低，故劃作一區，便于兩方控制，因勢利導。黎、榕兩縣木植運銷湘桂，年額不下數十萬。黎平當湘入黔要衝，居全區中部，故專員駐此。
第十一區	獨山	獨山 三合 都勻	平舟 都江 大塘	荔波 八寨 丹江	9	本區南鄰廣西，舊日苗疆，奄有其半，貴南公路，早已通車，交通尚便，劃作一區，發展自易。獨山當桂南路，由桂入黔咽喉，適居全區之中，故專員駐此。

　　縣政府裁局改科制度，亦經實行。惟縣政府以下之區公所，因限于經費，在二十四年內尚未實行分區設署。所有區署應辦事項。仍責令各區公所辦理，期于變通之中，不廢事功也。

第二章　關于民政事項

一、吏治

四川

四川各將領之交還防區也，劉湘為融洽各方情感避免隔閡起見，對于防區時代各軍所委之行政官吏，仍准繼續任職，據稱：

> 竊自受命以來，夙夜兢兢以奠定統一省政為急務。所幸袍澤國人，感于鈞座督勵之殷，先後呈請取銷防區，歸政省府。當經分別復電：准將各區內（賀國光註：指防區言）縣局長，一體加委。嗣經反覆思維：此次打破防區，新機已動。如一切因仍舊貫，恐狃于積習，行政難有起色。失此良機不圖振作，誠慮有負倍畀。于為事擇人之中，兼寓遷地為良之意。擬將各軍區縣局長，互相調用。此次各區縣局長互調，與本時地方官調遷，略有不同。因各區駐軍軍餉，已由軍署負責統籌。現當防區初廢，各縣局長格于情勢，奉行政令，或不免多所顧慮，財政統一，勢或不能貫澈。一經互換，觀感自新；其中有志奮發之才，亦得乘時自見，不致為環境所拘束。為愛惜人才計；為逐步改造計，均以各區互調為目前適宜之辦法。……

經令准照辦。惟各官吏狃于積習，缺乏振作精神，因循萎靡，相習成風；對于現行法令，又多不明瞭。故推行新政，每感困難！而貪污之聲，亦所在恆有。政制

釐定以後，整飭吏治，厥為先決問題。

四月，委員長令四川省政府開辦縣政人員訓練所，調現任各縣縣長、縣佐治人員及區長等，分期入所受訓；其有合于此項資格人員，經甄審合格者。雖非現任縣政人員，亦得入所受訓。訓練期間，按鄂、贛各省先例，定為三個月；訓練科目，分左列各類：

1. 精神講話；

2. 軍事訓練；

3. 關于剿匪省份行政制度；

4. 關于民眾教、養、衛各項法令；

5. 關于各縣地方財政、交通、司法各項法令；

6. 關于行政機關之管理方法；

7. 公文程式。

各受訓人員，期滿及格者：調訓者仍回原任；甄審合格入所受訓者，分別存記，由省政府依法錄用。受訓人員在受訓期間內之膳、宿、書籍、服裝等費，概由省政府發給。

旋據劉湘遵照上項原則，擬具四川省政府縣政人員訓練所章程及縣政人員入所訓練之甄審辦法，呈請核示。經令准備查。（均載附錄）

訓練所于五月開辦。截至二十四年年終止，共辦兩期，先後畢業學員，共計六百名。由川省府按其成績資歷之高下，分為縣長班及佐治班。縣長班學員兩期合計七十五員。除已委縣、局長者五十七員外；餘十八員，暫留川省府各縣處服務，遇缺委用。佐治班學員，兩期合計五百二十五員。除派充省政府視察員及重慶營業稅

局服務員各四十員外；餘四百四十五員，均派往各縣分任縣政府秘書、科長、區長等職。此就訓練情形言之也。

在舉辦縣訓期間。劉湘恐緩不濟急，欲仿預保縣長辦法，廣僻人才，儲備過渡時期縣政人選，于九月五日呈稱：

> 查川省縣份，計有一百四十八縣之多。縣長一職，如僅就考試及格人員任用，在川人數，實屬有限；其他合格人員堪以勝任縣長者，亦頗不少。選擇賢良，似宜兼備；現在川省又屬剿匪區域，尤宜廣儲吏治人材，以資治理。竊查鈞座前頒剿匪區內縣長任用限制暫行法及限制預保其他合格人員為縣長各規定，在豫、鄂、皖三省遵行以來，收效甚宏。此項辦法，與川省現在情勢相宜，有援照遵行之必要。擬請特准援照辦理。……

經核：縣長任用限制辦法，係在縣政人員未實行訓練以前所定之法規。現川省已採縣政人員一律訓練之制度，則以後縣長任用，自非先入所受訓合格不可。前項暫行辦法，當然不能適用，以免紛歧。因指令不准。劉湘復陳述困難情形，仍請酌予變通。呈稱：

> ……查縣政訓練所第一期畢業學員，已揀二十餘員，委令試署縣長；餘或資歷較淺，質量亦未能一律，悉已分往各廳處及各區服務。意在先行試用，俾資歷練。計川省一百四十餘縣，若縣長人選限于一途，誠恐美錦學製，貽誤必多！亦驟難辦到。故前以通用剿匪區內縣長任用限制暫行辦法為請。茲

奉令示，謹按實際情形：擬請（于縣訓所畢業人員
之外）仍暫就合格公務員中歷著成績確有經驗者，
參酌委用；仍一面輪次調訓。庶于縣政進行，無虞
曠誤；而俾有用之才，亦復盡量先後受訓。職為仰
體鈞座推進縣政效率之盛意，並期兼顧目前事實起
見，是否有當？合再瀝陳，伏乞俯賜核准。

所請暫就公務員中遴選委任縣長，仍輪次調訓，亦
雙方兼顧辦法，不無可採之處。經指示四項辦法如次：

一、現任縣長，應嚴加考核。其成績優良者，毋庸輕于
更調。

二、第三期縣訓，應將現任縣長之有成績而能刻苦納勞
者，儘量調用。

三、經過縣訓之現任區長人員，應按分區設署辦法大綱
第十七條之規定，酌予特派任用。

四、在過渡時期，或前項人員不敷輪委時。暫准將合于
前頒剿匪區內縣長任用限制暫行辦法中五項規定資
格之人員，嚴加甄選，造具名單，呈送本行營審定
後，即就縣訓所開會講習一個月，擇優試署縣長，
藉資補救。

自後川省縣政人員之任用，有所根據，不似前此龐
雜；而省縣之間，亦無扞格情形也。

貴州

貴州教育，向不發達。吏治人材，極感缺乏；兼以
經費困難，交通不便之故，外省人士，亦不易羅致。吳
忠信亦以設置縣政人員訓練所為請。呈稱：

案照本年本月十三日，本府委員會第一七九次常
會，據民政廳廳長提議：「查縣為自治單位，施政
基礎。縣政人員（如縣長佐治人員及區長），其賢
能與否，關係一切政治之推進，至深且鉅。現在
本省業經遵奉行政院公布施行之補充縣長任用資
格標準第二條之規定，組織縣長檢定委員會，舉
行縣長檢定。查同辦法第七條載：『各省對檢定合
格縣長，于任用前，應遵照行政院公布之縣行政人
員訓練辦法大綱，施以相當訓練；其詳細辦法，由
民政廳定之，轉報內政部備案。』等語。是檢定合
格縣長，依法既須訓練。而察酌本省現在情形，縣
佐治人員及區長，亦亟應于分別舉行甄審後，予以
訓練。且是項縣行政人員訓練所經費，前于編制
二十四年度全年歲出總概算時，業經編列，提案核
准在案。茲經擬具貴州省縣政人員訓練所章程，附
具甄審辦法，是否有當？理合提請公決。」等語。
當經提交本府委員會第一八〇次常會議決，修正通
過，並紀錄在卷。理合繕具修正章程，具文呈祈鈞
長俯賜核示祇遵！

其賚呈之縣政人員訓練所章程及甄審辦法（均載附
錄），與四川呈奉核准者，雖略有出入，然大致尚屬可
行。經詳加核定，令其遵辦。

此外黔省府並擬呈：釐定縣長考績辦法，貴州省縣
長檢定委員會組織規程，貴州省縣長檢定委員會檢定辦
法，行政呈請辦法等（均載附錄），呈經核定，並次
第施行矣。

二、保甲

　　保甲制度，在各剿匪省份，推行已久，收效甚宏；即其他安全省份，亦多有類似保甲制度之組織。惟川、黔兩省，則尚付缺如。雖曾一度辦理地方自治，當時辦理既未盡善，迄今事過境遷，已成昨日黃花，僅遺留告朔餼羊之鄉鎮長名詞，又為土劣所假冒，此外則無合法之民眾組織。而藏垢納汙之哥老會、青紅幫……等（川省尤多）非法組織，更深入民間，其支配社會之力，遠過政府，官吏尚多仰其鼻息，下焉者更無論矣。國光入川時，上書言事者恆以取締為請。然若輩潛勢甚大，猝言取締，反慮生變。厥惟利用保甲組織，使其潛移默化，範我馳驅。

　　委員長向以保甲為民眾之基本組織，曾一再督促川、黔兩省遵照奉頒法令，切實辦理。並于十月電令各省乘農隙期間，加倍努力。文曰：

> 查編查保甲與編練壯丁兩事，實為組織民眾與訓練民眾以充實自衛力量最重要之關鍵。本委員長近數年來，先後督師鄂、贛，因特制頒編查保甲戶口條例及各省民國整理條例暨各省保安制度改進大綱，分別督飭施行。于其實施辦法，效能要旨，及進度限期，抽查校閱諸端，悉已詳明規定，迭經剴切訓示。而保安制度改進大綱中關于訓練壯丁一項，並規定：各省保安團隊應澈底改造，劃定「團管區」，就區內壯丁重新徵集訓練，確定輪流服役退役之辦法。應由省主席兼全省保安司令擬訂全省

訓練壯丁之實施計劃，呈候核准施行；且經前南昌
行營編纂教材三十餘種，通飭採用。倘各省各級行
政官長，皆能深諳迭頒各種法令之精神辦法，不粉
飾，不敷衍，實事求是，努力以赴；則合之民眾組
織之整個機構克成，足供地方國家一切緩急之運
用；分之則人民各個之知識能力，尤可因有嚴格之
訓練，而收切實之進步。（不惟地方一切治安、建
設、生產……等事業，胥克措施如意。）即挽救國
家艱危之前途，亦必能由是植立基礎。

茲為檢查以往與益勵來茲起見：

第一、各省截至現在止，所有編查保甲戶口，究竟
是否全省各縣一律完成？現在至何進度？是否經
過抽查考核？編查保甲戶口條例中所規定保甲應盡
責任，能否切實執行？所有壯丁訓練，實施過程如
何？現在如何辦法？如何繼續進行？業已訓練若干
人數？尚有若干人數待受訓練？何區何縣成績最
優？或最劣？統應分別詳細具報行營！

第二、本年冬季期內，各省（除應遵照支蓉秘電
令，實施徵工，從事國民經濟建設之水利、公
路……等項工程認真辦理外）對組編保甲及訓練壯
丁兩事，並應乘此農隙，加倍努力，切實復查。同
時綜合過去之得失，重加適當之整理，分區分期，
繼續推進，限期完成。務合法令精神，以求增進實
效；切不可徒騖形式，虛張聲勢。

第三、倘有對于此項要政，舉辦稍遲，或尚未舉辦
之省份。尤應遵照法令及上項指示，急起直追，

加緊趕辦，勿稍因循！本委員長對于各省具報之成績，及本年冬季內應辦之事項，……當于明年三月分派人員實施校閱，綜檢成績。須知救國之道，全繫于斯。務望各主席咸矢熱忱，踏實從事。所定實行程序，並盼先行詳復，為要！

茲就川、黔兩省辦理情形，分述如次：

四川

川省保甲，于舉辦時步驟稍形凌亂，不合規定，經一再指示糾正，始入正軌。然公文往返，稽延時日。（原定限期，雖規定在二十四年度起施行。）結果至十月初旬，始從新著手。故在參謀團時期，尚無成績可考。今茲所述，乃其籌備計畫之經過耳。

先是四川省政府于舉辦保甲時，將各鄉間舊時原有鄉鎮長，一律改充聯保主任；並由省政府派遣保甲編查委員，分發各縣，限定每鄉鎮必用編查員一人，每月每人支薪水五十元，由各該駐在地鄉、鎮支給。當經令其改正。曰：

據報：該省政府對于編查保甲之進行，近曾訓令所屬各縣縣政府凡多鄉間舊時原有之鄉長、鎮長，一律改充該鄉鎮之聯保主任；並另由省政府派遣編查員若干人，分發各縣，限定各鄉鎮必用編查員一人，每月薪水五十元，由駐在之鄉鎮支給，等情；查鄉鎮之人口，多者至數千戶，少者或僅一、二百戶。而一鄉幅員之廣狹，亦根本不能一律。故各鄉

鎮中聯保辦公處應設一處或幾處，純視各該聯保地域關係之便利而定，並無一定限制。而聯保主任一職，必須從聯合辦公之各保長自行推出，其本保保長，絕對不能充任；尤非可以任意派充。此在編查保甲戶口條例，皆有詳明規定。

今該省府對於各鄉鎮不問其戶數多寡？幅員廣狹？聯合辦公，是否便利？復不問其舊日原有之鄉鎮長是否現已被推為保長？平日行為優劣如何？一律令其改充聯保主任。不啻將編查保甲法令，根本推翻，為舊日一般把持鄉鎮之土劣，重加保障，換湯而不換藥。如此編查保甲，容何裨于實際？！

次則關于編查保甲事務之推行，應由各縣縣長督飭所屬各區區長負責辦理。在區公所組織條例中亦有詳明規定。現時各縣雖經改為分區設署，即在區署未能即時完全成立以前，亦應由各縣長遴選通曉保甲法令之人員，分赴各鄉鎮，指導當地土民切實進行，不應由省另行派遣編查員。且聞省府此項分發各地之編查員，僅經兩星期短訓練，其本身對保甲法令之辦法及意義，大多尚不明瞭，何能負責編查？同時彼必以為出自省派，不受縣長指揮。結果各地所編保甲，勢必彼此歧異，或竟似是而非。況保甲職員，均規定為無給職；今所派編查員，月薪五十元，完全由該鄉鎮支給，又勢必藉此向民眾多所苛派，發生不良印象，妨礙編查進行，尤滋流弊，實屬不宜。

查行營現頒行該省之一切法令新制，其中辦法規

章，均係斟酌實際，折衷至當，在其他省份，推行
有效，不容任意輕為更張；即間有因時因地有須酌
量變通之處，亦應申敘事實理由，呈報候核。

關于上述以鄉鎮長改充聯保主任及分發編查員兩
事，未見該省府具呈前來。究竟是否實情？如確發
有此項命令，仰即剋日通令，分別改正撤回。仍令
各縣遵照頒行法令之規定，切實辦理；並仰剋日具
報為要！

九月一日，據劉湘呈稱：

竊前此通令各縣府，暫將舊時鄉鎮長，一律改為聯
保主任，原係各縣保甲戶口未經編查完竣以前之過
渡辦法。蓋川省幅員遼闊，人口眾多，如待保甲編
查完竣後，始由戶甲保長遞次推選聯保主任，自非
短時間內所能辦到。茲值川政維新，各縣政府甫經
改組之際，區長多未委定。原有鄉鎮等組織，照保
甲條例及保甲編組進度表第一期第三項之規定，應
行停辦。而保長互推聯保主任，又非短時期所能產
生。各縣因協助剿匪，徵集民工，築路建碉，以及
擔任軍事運輸，任務之繁劇，尤倍于曩昔。在此過
渡期間，已辦之事，既難中斷；而一切新政，又亟
待推行；若不急謀接替辦法，誠恐各縣縣長以乏人
輔助，呼應不靈，勢將蹈于停頓之境；且間接影響
築路及剿匪軍事。本府為維持地方政務得以順序進
行，並顧及剿匪及築路工作起見：爰擬訂聯保變通
辦法，令各縣將鄉鎮長暫委為聯保主任，輔助縣

長，執行事務，以為一時權宜之計。曾于本年四月
二十七日，具文詳陳奉由，呈請鈞座鑒核在案。
（賀國光註：此呈係逕遞南京軍事委員會，時委員
長已入川，故不及知也。）于七月二十四日，始奉
到軍事委員會高一字第零八零九指令。中間適奉鈞
座電令催辦理保甲。深恐遲迴瞻顧，貽誤事機。仍
令飭各縣遵照暫行變通辦理。一俟保甲編制完善，
保長委定，即令依法互推聯保主任，以符定制。此
通令各縣暫委聯保主任之實在情形也。

編查保甲戶口，原為施政之本。川省係屬剿匪省
份，尤應提前舉辦，限期完成，以期日臻治理。惟
各縣因積習太深，于飭辦事件，每多敷衍因循。此
項編查工作，誠恐奉行不力，難于澈底。本府為增
進遍查效率，並尊重鈞座法令，俾得易于貫澈，依
限完成起見：特甄取曾在川康團務幹部學校自治
研究班畢業之優秀者一百名，施以訓練，分赴各
縣，督促進行。頒發服務規程，統受駐在縣縣長之
指揮。至所派人數（除寧屬各縣及匪陷區域外），
每縣僅派一人。月薪定為三級（一級六十元，二級
五十元，三級四十元，均係八折計算），在地方公
款項下開支。限四個月完成，即行撤銷。對于各鄉
鎮保甲編查員，並未由本府直接派遣。此本府分派
督編員之實在情形也。

茲奉前因，……除將督編委員一律撤回，並令飭各
縣將督委聯保主任撤銷，依法另擇外；理合將遵辦
情形，具文呈請鈞座鑒核備查。至各縣將督委之聯

保主任撤銷以後，于保甲戶口未經編查完竣以前，所有鄉鎮長應辦及未完事件，可否責令舊日鄉鎮長暫時繼續辦理，以維事務之進行？並乞查核示遵！

其前此所派之督編委員及督委之聯保主任，暨分別撤回，經令准備查；並准在保甲戶口未編查完竣以前，所有鄉鎮應辦及未完事件，仍准責令舊時鄉鎮長暫行繼續辦理；但應嚴飭各縣切實監督，勿任假藉職權，滋生弊端，妨礙保甲之推行耳。

是月三日，劉湘擬具四川省各縣編查保甲戶口規程及四川省各縣編查保甲戶口限期進度表，呈請核示。其規程內除關于聯保主任一部，稍有補充外；餘與修正編查保甲戶口條例，大致相同，自可無庸頒發。至辦理保甲限期，各省均係八十日完成。川省規定一百二十日完成，與通案本有不符。惟其轄地廣闊，交通不便，如印製門牌表單……等項，均須至商務繁盛之地辦理。而邊遠縣份，路途往返，動需時日。事實上非寬定限期，恐難辦理周密。經令准展限四十日；惟不得超過限期，以期于法令事實，雙方兼顧。其原賚規程，令毋庸頒行；進度表經修正後令其遵辦。（表載附錄）

貴州

貴州舉辦保甲，著手較早。在二十四年內，雖未能完全編組就緒；然規模具備，均在次第實行中。茲就其辦理情形，分述如次：

一、編查：該省所定編查保甲戶口進展程序，係分三期辦竣（第一期十五日，第二期二十日，第三期

二十五日,共計六十日)。自九月一日起,至十月底止。嗣因省內山嶺險峻,區域隔絕;又兼苗夷雜處,情形複雜,編查時發生窒礙。曾經黔省府參酌實際情形,擬定編查保甲補充簡則九條(進展程序及補充簡則,均業經修正,載附錄),以資救濟。凡苗族與漢人居處隔遠者,就其族人自編成一「特編保甲」,推其族人或現任鄉、閭、鄰長或從前土司、土目為保甲長,而以漢人補助之;或以其族之優秀份子,予以宣慰員名義,負責開導,使漸就同化。因此項辦法,頗收成效,如鎮寧縣屬扁擔山,苗風夙稱強頑梗化,經黔省府派員前往宣慰,遂相安無事,進行順利,即其明證也。

各縣保甲,截至十底完成者,計有:大塘、平越、台拱、鎮遠、玉屏、龍里、興仁、三合、青溪等九縣;已報完成尚在抽查中者,計有:貴陽、赤水、銅仁、思南、安順、開陽、安龍、仁懷、獨山、定番、貴定、平舟、湄潭、息烽、荔波、都勻、施秉、錦屏、天柱、清鎮、貞豐、織金、餘慶、都江、長寨、鑪山、三穗、德江、印江、冊亨、安南、岑鞏、大定、下江、沿河等三十五縣。其餘各縣,則先後呈報:或因股匪盤踞;或因趕辦公務;或因僻處邊區,印刷表單稽延;或漢苗雜處,語言隔閡,致編組困難。紛紛聲請展限,均經黔省府分別令准,統限于二十五年二月底,一律編查完成;復經擬定各縣被匪後清查保甲戶口辦法(載附錄),通飭各縣遵照。

二、抽查：由黔省民政廳通函各行政督察專員公署，于
　　轄縣呈報編組保甲完成時，迅即選派妥員，分赴各
　　該縣實地抽查，填表呈報，始行核定。如發現有編
　　查不確情形，即飭令該縣長重行編查。所有重行編
　　查費用（不得向政府請領及向人民籌繳），責由該
　　縣長自行賠付，以示懲警。

三、編查經費：關于編查保甲所需經費，曾經黔省府擬
　　定收支預算表，除由省庫分別縣級補助一等縣五百
　　元，二等縣四百元，三等縣三百元外（均以七折
　　核發）；又准由各縣抽收門牌捐，分甲、乙、丙、
　　丁四級（甲等五角，乙等二角，丙等一角，丁等
　　免收），以一次為限。此項辦法，本與法令規定
　　不合。事前未據呈報。迨令飭禁止時，則業已舉
　　辦矣。

四、臨常費：黔省因為未實行分區設署，其保甲經費，
　　係與區公所經費併籌，為各省所未有之特例。最初
　　由縣府統籌時，其聯保主任辦公費，每月定八元
　　至十六元；保長經費，每月定二圓至三元（甲長不
　　支經費），均按區經費規定辦法，由縣指定財源，
　　呈准核辦。嗣因施行困難，改設戶捐（每戶每月徵
　　收一角五分，赤貧者免收），以收足全縣額定區保
　　經費為限。保長辦公費，每保收定為五元，以二
　　元作聯保辦公處經費。並訂定區保經費收支暫行
　　規程（載附錄），以資遵守。惟各縣區保長等對于
　　收支此項經費，每多不依規定，任意徵收，引起人
　　民重大誤會。復經黔省府擬訂各縣徵收區保經費須

知（載附錄），通飭遵照。嗣後各縣仍多照過去習慣，責由各區保自行計算辦理；而辦理人員，為求收支額定數起見，往往將徵收方式，改為攤派。收捐額任意增成，致赤貧之戶，亦在攤派之列，馴至有因避捐而逃亡者。黔省府亦曾釐訂改正辦法如次：

1. 區保經費，應由縣府統籌收支，不得責由各區自行算計辦理。

2. 由縣政府將全區保應需經費數目統籌核定後，再視各區比較有力之戶統計徵收（如第一區赤貧戶數，超于比較有力之戶，即應少徵；第二區比較有力之戶數，超于赤貧戶，即應多徵）。彼此盈虛挹注，務以全縣統計，不必限定一區。

3. 各區應攤戶捐數目，應先由各區查照列冊報縣，由縣合併統計（如超出總數，即予剔除；如不足總額，再由縣復查酌增）。迨收總數決定後，由縣公布週知；一面飭各區照規定手續徵收。徵捐有餘之區，除坐支外，全數歸繳縣政府；不足之區，除坐支外，另向縣政府補領。

4. 徵收捐率，一律照每戶一角五分為準，不得任意增減。

5. 徵收憑據，仍以規定之區保經費收款登記後為準。按簿徵收，每三月一換。其徵收方式，應酌視地方民力：或按月徵收或三個月徵收一次。徵收後仍應由保長榜示週知。

四、訓練保甲長：關于保甲長之訓練，該省府曾經擬

訂各縣聯保主任保甲長訓練大綱，各行政督察區聯
保主任訓練所簡則，各縣保甲訓練所簡則（均載附
錄）呈經核定後，令區縣遵照規定，分別舉辦。其
辦理情形，尚未據報。

五、登記烙印槍枝：黔省府原限于八月底以前，辦理完
竣具報。嗣以交通不便，辦理諸感困難，未獲如期
辦竣。經一再展限，而遵辦據報者，仍屬寥寥。其
原因不外左列各種：

（一）各縣政府，均在縣城辦理登記烙印，人民距
城窵遠，攜槍呈驗，往返不便。

（二）因規定照費太重，黔省民間瘠苦，每因無力
籌繳，以致延不登記。

（三）黔省各縣，多係苗夷雜處，派員曉諭辦理，
常感言語不通。

黔省府鑒于上述困難情，曾擬訂暫行實施規則（未
據呈送），令發各縣遵照辦理，並展限至十二月底止；
一面嚴加督促，以期如限辦竣。屆時當有相當成績也。

三、警政

四川

吾國警政，缺乏整理，易地皆然，要以川省為特
甚；而制度之凌亂，尤為罕見：

（一）有全縣設一保安局，兼管警團兩項事務者；

（二）有公安局併入團委會，以團務副委員長兼公安
局長，另設參議一人，專管公安事務，即以團

隊擔任警察職務，並不配設長警者；

（三）有仍用公安局或公安科名義，而其組織則與章
　　　則迥異者。

　　成渝警察，雖規模粗具；則又官多警少，名存實
亡。均與規制不符。劉湘曾于七月四日，擬具四川省整
頓警政暫行通則，呈請核示。其條例中仍規定各縣設公
安局及公安分局，與南昌行營頒布之剿匪省份各縣政府
裁局改科辦法大綱第三條「縣政府所屬公安、財政、
教育、建設各局，現經設置者，概行裁撤，……」第
六條「……各縣城鄉現有之公安機關及警察，概行裁
撤。……」之規定不符。經重加釐訂（計分總則、組
織、任用及待遇、教育、經費、附則六章，都二十六
條），令劉湘遵照公布施行。（修正通則載附錄）

　　八月三十日，劉湘呈稱：

　　查警察行政人員，應具有特殊知識。故于育才則有
　　專門學校；于錄用則有特種考試。立法之意，不為
　　不善。無如國家多故，制度未備，任用警官一項，
　　雖經全國內政會議議定標準；但因手續未周，尚未
　　公布施行。茲值鈞座蒞川，整頓庶政之際。對于運
　　用警察官吏，尤須規定準則，以求適合于任官將才
　　之旨。爰參照鈞令暨中央頒行各種法規，並斟酌本
　　省情形，擬定各級公安局局長及職員任用暫行規程
　　十五條，以作警官任用法未經頒行前之依據。是否
　　有當？理合將所擬規程，先行賷呈鈞座核示，俾便
　　施行。伏候指令祗遵！

　　其賷呈規程，對于各級警官任用，僅有消極之規

定，而無積極之限制。在推行新制之時，以不憒現行法
令人員，充任警官，難免貽誤。應一律加以訓練講習，
庶免斯弊。乃于九月二十三日，令劉湘曰：

> 查各縣政府裁局改科辦法大綱第六條「前項警官之
> 訓練任用……辦法，概由省政府擬呈訂候本行營核
> 定施行。」又各縣分區設署辦法大綱第八條第四項
> 「曾在專科以上學校畢業……」同條後段「合于第
> 四項資格而係專習軍警……等科得免受區員訓練；
> 但現行各項重要法令，仍應加以一個月之講習。」
> 等語。在該省二十四年度施政綱要「公安門」亦
> 有設初級警官訓練所之規定。並經本行營于治字第
> 一二七五號指令內詳切指示。是警察官吏之任用，
> 統以曾受訓練為原則，初級者固非訓練不可；即有
> 合于分區設署辦法大綱第八條第四項之資格者，亦
> 應予以講習，俾滌除舊習，增進新知。茲據呈訂公
> 安局長及職員任用暫行規程，核與訓練一大原則，
> 未能顧及，實為未合！仰即遵照上列各項法規之法
> 意精神，並依據該省二十四年度施政綱要，擬具登
> 記訓練辦法呈核，以憑彙案飭遵可也。

旋據劉湘呈稱：

> 竊查川省自民六以後，軍事擾攘，政治失序，警政
> 一端，尤極混亂。本府成立，即著手整頓。詳考
> 癥結所在，非注重警察發育不為功。故前于編訂
> 二十四年度施政綱要呈核時，即照章設立警官學校
> 及警士教練所在案。惟查警官學校，照章須兩年畢
> 業；而本省整頓警政，需用警察專門人材，又屬

刻不容緩。因念民元以前，川省曾照章辦有各種警官學校；民元以後，並經舉辦一次警官考試，且歷任各警察機關之巡官以上人員，亦不乏優秀份子。如能多方尋求，亦可暫供任用。曾于六月由本府規定警官登記暫行辦法，迄今審查合格分別登記者，已達二百餘人。旋即決定由本府設立警官訓練所一所，將全省各級警察機關之現任警官，中央分發本省警官，及前項登記合格警官，輪流入所受訓。其訓練期間，暫定兩個月為一期；每期訓練三百人，本省應行受訓警官約計一千五百人，以五期辦理完畢。所有警官訓練所章程暨輪調現任各級警察官入所受訓辦法，均經製定，通令施行，不日即可開辦。奉令前因，理合檢同四川省警官登記暫行辦法暨四川省政府警官訓練所章程，並輪調現任各級警官入所受訓辦法（均載附錄）各一份，具文呈請鈞座鑒核備案。仍乞指令祗遵！

其附賚章則，尚屬可行。經令准備查；並將前據擬呈之四川省各級分局長及職員任用暫行規程（載附錄），詳細修正，隨令抄發。自是川省警察，頓改舊觀，不似前此之窳陋也。

貴州

貴州警政，過去亦異常棼亂。經費向無確定的款，自由籌措，攤派苛擾情弊，所在皆有。黔省府于二十四年內首即調查原有公安經費來源，指定專款。並擬定審查警官資格暫行辦法（未據呈送），凡任用警官，須先

經初審複審手續，再經傳見面試後，合格者分發各縣試用；成績優良者，再行呈請核委，以杜徇私濫用之弊。其各縣警官，則責成各縣縣長每屆六月考核一次，呈報備案。關于考核之標準，黔省府曾製頒各縣警官獎懲條例（未據呈送），以資遵守。此外如督飭省會公安局設立警士教練所，擬定警士服裝規則……等，均在著手辦理中。

四、賑濟

四川

川北川東，迭經匪患，各縣人民，怵于匪區殺戮之慘，紛紛奔逃。約計各地逃出難民，不下百餘萬。加以失陷之際，多值秋穀將登，顆粒未收，倉皇就道，沿途拋妻棄子，號泣震天！迨匪退以後，房舍悉被燒燬；糧食搜運無無遺。劫後遺民，歸來無以為生，流亡載道，厥狀至慘！各方請賑文電，紛至沓來。國光于二月二日，轉報委員長，並請撥款賑濟，呈稱：

> 頃據四川巴、儀、通、南各縣縣長暨各被匪縣區機關法團……先後電呈：以匪區逃出難民，入冬以來，飢寒交迫，日有死亡，厥狀至慘！懇轉請中央，立撥巨款，源源霈濟，以全民命，等情；查川省匪擾經年，地方殘破，民眾流離，慘痛不可言狀！前經該省安撫委員會續陳實況，……電照中央撥給賑款五十萬元。當蒙准先匯撥三十萬；並由該會在成、渝兩處分別勸募，暫資救濟在案。

惟是杯水車薪，既難普遍；現該會已告結束，所經收各款，亦均已散發無存；而匪區收復日廣，難民人數，已逾百萬。此後救濟，更非中央充分接濟，無法辦理。

竊念我革命軍剿匪之目的，原在與匪爭民。若民眾有無依之恐慌，則軍隊即感寡助之困苦。設或被匪鼓惑利用，隱患更堪憂慮！伏乞轉請中央，迅賜撥發川省急賑經費五十萬元；並照將准續撥之二十萬元，儘先撥匯，以宏救濟。

奉批：

已轉行政院暨財政部核辦；並請將前准續撥之二十萬元，儘先撥匯。

國光復催財政部提前撥發，電曰：

查赤匪竄擾川邊，已逾兩載。南北岸附近各地，備遭蹂躪，閭里坵墟，民眾流離，死亡相繼！前經該省安撫委員會電懇中央撥發賑款五十萬元；曾蒙准先發三十萬。嗣並由該會在成、渝兩地，分別勸募，暫資救濟。

惟是災民之人數眾多，撥募之賑金有限，既屬難期普遍，具已散放無餘。近以匪擾縣區，次第收復，難民人數，已逾百萬，待賑之殷，實如望歲！復經本團續陳災況，電請委座轉請中央撥發川省急賑費五十萬元，並將前准未發之二十萬元，迅賜撥發。

茲奉佳戌秘牯電：已移行政院暨大部核辦，並儘先撥匯，等因，各在案。

竊以剿匪之職，重在爭民。現在大軍節節勝利，進

南昌行營：參謀團大事記（二）
Generalissimo's Nanchang Field Headquarter: Military Staff Records, Section II

展更為神速。難民救濟，不可或緩。敬乞轉請中
央，懇將轉發川省賑款，准予如數籌撥；並迅賜提
前匯寄，以便統籌救濟，至為企禱！

一面商訪劉湘，由四川省政府組織賑務委員會，專司其
事，該會于三月六日成立，擬呈組織章程議事規程辦事
細則等（均載附錄）前來；經令准備查。其時中央賑
款，尚未匯到。委員長對于川省災民，深為軫念。乃電
達院部曰：

川省急賑經費，前于二月間，據賀主任電請核撥前
來；經轉請行政院暨財政部核辦。旋接汪院長復
告：已經院議決議交財部核辦，在案。

查川省通、南、巴、儀、閬、蓬、宣、達、敘、
宋、劍、營、昭、廣等縣，迭被匪擾，洗劫一空，
遍地哀鴻，數逾百萬。顆粒無獲；寸縷不全；泥粉
樹根，挖掘殆盡；幾至有易子而食，析骸為炊者，
情形慘痛！不忍卒言！雖經督促省府組織賑務會，
分別災情，設法救濟。然以前安撫會所領賑款三十
萬，早已發放無餘，成、渝各地募款，亦已支用罄
盡。此外絕無籌款之法；勢非仰賴中央撥款，無以
救濟災黎。用特再為代陳，務請查照院電，迅予設
法籌辦，先將二十萬提前撥匯，以資救濟。

五月，財政部由中央銀行匯來川幣十萬元，並電復
委員長曰：

查川省急賑，故難容緩；惟以庫款奇絀，未能照
撥。茲復准電述災區情狀，殊深憫惻！故于無可設
法中，特飭司勉籌川幣十萬元，函託中央銀行匯

來，請即察收轉發，以資救濟。

當經令劉湘飭賑務會具領，分配散放。流逃災民，雖能存活一時；然歸家後仍無以謀生。劉湘請撥款三十萬元辦理農貸，呈稱：

窃查川省自赤匪竄擾，歷時三年，陷城數十，人民被屠殺既眾，逃亡轉徙，嗷嗷待哺者，為狀最慘！在省府未改組前，關于救濟事項，悉由四川剿匪總司令部統籌。並委託前安撫會負責辦理；而成、渝兩方士紳，復有臨時救濟會之組織，從事急賑。本年二月，本府奉命改組，同時在渝改省振務會，專司統籌救濟之責，所有二十一軍部暨四川剿匪總部先後通令各市縣扣籌難民賑款，由本府繼續催收；其未籌派縣份，亦經通飭遵辦，悉交省振務會分別查放。計省振會散放者：為萬源、通江、巴中、南江、儀隴各三萬元；南部、閬中各二萬五千元；成都（係交辦賑官紳轉發川西北各縣難民急賑）、廣元各二萬元；城口、蒼溪各一萬五千元；宣漢、達縣、敘永、古宋、古藺、昭化各一萬元；劍閣六千元；雅安二千元；松、理、懋、茂及三屯三千五百元，共支洋三十四萬一千五百元；又抵發重慶臨時救濟會一萬三千三百八十六元，合共支洋三十五萬四千八百八十六元。而所援賑款，截至本年七月十一日止，民廳經收十一萬五千三百三十元；省振會經收三萬五千六百二十四元；又鈞座撥來賑款十萬元；及前省振務會轉來二萬二六千元，共為二十七萬六千九百五十七元。品迭尚欠六萬

七千九百二十九元，均係向商息借，急待歸，此本
府辦理前後收復各縣賑務之大概情形也。

嗣奉鈞座令發暨行營參謀團函送新收各縣請賑之
案，均在繼續籌辦中。近據江油、彰明、平武、北
川、理番、汶川、松潘、懋功、茂縣、梓潼、彭
縣、劍閣、名山、蘆山、天全、滎經、會理、越
嶲、寶興等縣及金湯設治局各屯請賑文電，紛至沓
來。而省賑務會又以原款撥盡，迭請另撥，以資
救濟。竊以各該縣難民，在此收復匪區農村破產無
遺之際，救濟辦法（除籌辦急賑外），自應遵照鈞
座規定剿匪區內救濟農村金融辦法，由國立農民銀
行或農村金融救濟處酌予貸款，成立農村各種合作
社，為恢復而進于繁華之根本大計。

惟是以前收復各縣區（如川北之巴中、廣元、通
江、南江、儀隴等縣，川南之敘永、古宋、古藺等
縣），均由省賑務會撥有急賑；連全安撫會及成、
渝救濟所援各款，尚可略事補救。再進一步而為救
濟農村之實施辦法，亦可稍緩時日。惟本年目徐匪
突破嘉防，朱毛竄渡金沙而後，被匪失陷之川西北
及西南各縣，雖經本府督同省賑務會駐省辦事處會
同成、華官紳，分別急賑；但為數有限，並多用于
難民之收容及資遣費。

現各該縣次第收復，既須繼續設法，全體資遣回
里；且多數難民，亦無不欲早作歸計。無如歸後欲
耕無種，欲住無室，目前生活，更成問題。以此情
形，自應一面籌辦急賑，使難民全部得歸，歸後尤

應謀生活之路;一面仍須急辦農貸,使其買牛、買種、買置農具,勉強復居,以樹立必要生活之基礎,不致又成流離。獨是兩者並行,依上述賑款情形,本府現有力量,實難兼顧。送開省務會議,並與省賑務會籌商。(除派員催辦各縣賑款,籌辦急賑外,)惟有仰懇鈞座俯念川中被匪難民,待賑迫切。再予撥款三十萬元,以作新收各縣難民回復農業貸款之用。俾劫後孑遺,得慶再生。如蒙俞允,仰懇逕飭農行遵照辦理,並派員監督分配貸放,以期實惠及民。……

經指令:

查該省新收復各重災縣區,亟應辦理農貸,以促進災農復業;惟農貸辦理方法及其施行程序,與散放急賑不同,應查照修正剿匪區內各省農村金融緊急救濟條例及其關係各法規,……切實遵行。始能使實惠及民款不虛擲。所有指導災區農民組設合作預備社承受貸款,以及分配數目、審查、核放暨籌撥此項貸款,準備主管機關各事項,本行營業有整個規劃,仰候另令飭遵。所請先撥三十萬元辦理一節,暫毋庸議。

又查農村金融緊急救濟條例第五條規定:「凡承受貸款之合作預備社,須取具當地保甲長證明,始得成立。」意在區別良莠,務令貸款悉數救濟能事生產之良民,以防流弊。究竟該省受災嚴重,亟待辦理農貸各縣區保甲,曾否編組就緒?並仰飭由民政廳查明辦理具報!

斯時川省保甲，至著手籌備期間，在二十四年年
終，尚未編組完成，故農貸迄未舉辦。仍由川省賑務會
繼續籌款，散放急賑。連同財政部撥匯之十萬元，先後
共發賑款三十五萬八千餘元。其支配數目如下（元）：

宣漢	10,000.0	懋功	1,500.0
達縣	10,000.0	撫邊	500.0
城口	15,000.0	綏靖	500.0
萬源	30,000.0	崇化	500.0
通江	30,000.0	羅江	231.3
南江	30,000.0	德陽	366.0
巴中	30,000.0	廣漢	326.0
閬中	25,000.0	新都	33.0
蒼溪	15,000.0	江油	3,000.0
南部	25,000.0	彭縣	2,000.0
儀隴	30,000.0	天全	
敘永	10,000.0	寶興	3,100.0
古藺	10,000.0	金湯	
古宋	10,000.0	蘆山	1,200.0
昭化	10,000.0	榮經	1,600.0
廣元	20,000.0	會理	1,800.0
劍閣	6,000.0	越嶲	1,100.0
雅安	2,000.0	冕寧	1,000.0
茂縣	3,200.0	西昌	2,000.0
理番	3,000.0	郫縣	148.0
松潘	3,200.0	北川	3,000.0
汶川	800.0		
合計			358,172.3

其辦理經過情形，劉湘于請撥款辦理農貸呈內，述
之頗詳。惟各項糧款，係隨籌隨放，貸款借款，已混合
為一，無法分別性質，曾據劉湘呈稱：

案准省賑會函開：「……此項中央賑款十萬元，于
領到後，即由渝方付還重慶銀行。緣當日將川北匪
區收復後，瘡痍滿目，亟須辦理急賑，以救孑遺。

雖有各縣應解難民捐款，一時難于湊集，勢成遠水近火。不得已乃向重慶銀行借貸二十二萬元，以作新收復匪區辦理急賑之用。茲中央賑款，既經取得；自應付還該行，以維傳用。此即查放辦理經過情形。』等語；復經函請該會，將當日借得之款，分配各縣數目及查放辦法，與央派員散放情形，暨難民領款清冊，詳細見復，去訖。茲查該會秘字第二七八〇號公函開：『查本會在渝，向重慶銀行借款二十二萬元，緣彼時新收復匪區各縣，災情擴大，派員放賑，急何能擇？當時未被匪災各縣，亦有應繳賑款，陸續呈繳到會，此項貸款借款，已經混合為一。刻下如欲就此貸款二十二萬之數，將分配各縣數目，逐一列出，實等刻舟求劍。計本會自本年三月，在渝改組成立時起，截至移省後九月底止，實共發出賑款三十五萬八千一百七十二元三角，按之借貸重慶銀行之款，實超出十三萬八千一百七十二元三角。茲繕具散放被匪各縣賑款數目一覽表，函送貴府，請煩查核轉呈，……至難民領賑清冊，一俟呈繳到會，再行續送。』等由；准此，查該會函述各節，尚屬實在情形。蓋彼時難民既多，盼賑情急，函電分馳，有岌岌不可終日之勢，尤非鉅款賑濟，不足以資分配。本府一再催促發賑，故該該不得不先行指定中央允撥之十萬元，及各縣已派未繳難民捐款，向銀行預借，以應一時之急，且放賑時併經該會宣諭各區難民，俾咸知中央德意及安全各縣民眾捐款互助之精神。……

此僅就四川省賑務會散放者言之也。由參謀團直接散放者十餘萬元，尚不在內。茲分述如次：

川北平武、松潘、青川各縣，地本窮寒，歷經喪亂，凋敝益甚！經赤匪焚掠之後，各地災民，風餐露宿，慘不忍睹！六月，該處駐軍長官胡宗南、陳沛等，先後呈請撥款賑濟。國光簽請委員長核示。奉批：

> 由參謀團在中央匯到川省賑款十萬元內，撥給五萬元；以三萬元撥交胡師，以二萬元撥交陳師。

惟四川省賑務會辦理南北兩岸災區急賑所借之款，係就中央撥匯賑款付還，尚不敷甚鉅，自無餘款撥賑平武等處匪災。六月份又為川省府財政破定最嚴重時期，縱責令籌濟，亦徒託空言。國光復簽請委員長准由參謀團墊撥五萬，交胡、陳兩師，就近賑放，以彰中央之德意。奉批：「如擬」。

七月，駐防天全縣之第十三師師長萬耀煌呈稱：

> 天全素稱瘠苦，復遭赤匪蹂躪，地方糧食，搜括淨盡。當此青黃不接之時，人民懸釜待炊，多以樹皮野菜充飢，悲慘不可言狀！茲因本師調防天全城，尚存有軍米五百八十九小包，擬請鈞座俯念災黎，即以此項存米，撥交該縣，賑濟貧民。

並據天全縣縣長及士紳等先後以同情呈請前來，經令准將十三師所存軍米五百八十九小包（每包價洋二元，合洋一千一百七十八元），儘數撥充賑米。

八月，據第一縱隊司令吳奇偉呈稱：

> 江油、平武道上，哀鴻遍野，餓殍常聞。緣川北遭匪搜括後，廬舍盡燬，各種雜糧，顆粒無存。難

民數百餘人，病者尤多。職到後雖派員及令各部賑糧施醫，救濟一時。值此天氣漸寒，衣食無著，若職部他調之時，即難民斷炊之日。敬懇鈞座速籌救濟，並補充各團藥品，以便醫治難民。

當令四川省賑務會迅速籌款賑濟；並由參謀團撥款一千元，購買藥品，轉發應用。

九月五日，據吳奇偉呈稱：

本部于八月十一日，奉命開抵南壩，到達時，目睹該地及舊州一帶居民，慘遭匪禍，哀鴻遍野，餓殍載道，失所流離，情殊可憫！本部當即派員分赴各地賑濟。計發：南壩難民大洋二百九十元，食米三十小包；何家壩大洋四十元，食米四小包；舊州大洋七十元，食米六小包。共墊發大洋四百元，食米四十小包，懇予發還歸墊。

依前南昌行營所頒剿匪區內臨時賑濟辦法第十條（各地軍政長官，認為災情奇重，省方救濟不急時。得墊給米糧，先行救濟。所用米糧，准取具災民拇指印名冊，轉送省賑會，核發歸墊）之規定，本應令四川省賑會照發歸墊。惟中央撥匯四川之賑款十萬元，既不敷分配，自無餘款歸還吳部。及所發食米，准予抵銷；賑款則由參謀團發還歸墊。計款米兩項，共洋四百八十元。

吳奇偉所部之第九十師，亦于江油、平武一帶，散放賑米二百零五小包（合洋四百一十元），並經援照舊州等處成例，准予抵銷矣。

茂縣亦遭匪患區域，當地駐軍長官第三路總指揮李家鈺請求賑濟，據稱：

茂縣一帶難民，現已逐漸返里。惟茂縣南至汶川，東至土門，北至渭門關、渭口寨，我軍所達之處，沿途城市場鎮及鄉間民房，均已被匪燒盡，糧物牲畜，掠取一空。田間未成熟之糧食，都已萎黃，無法救濟。近茂縣難民，半皆挾病馳還。原意重履鄉土，可資存活；及睹家亡產破，莫不號泣呼天。而糧荒種絕，無法營生，勞苦痛心，病疾隨生。以致死亡枕籍，時疫流行。職目擊此情，于焉憂傷！刻就城中搭蓋房屋，已造成百餘間，以為難民棲息之所；並成立臨時治療處，一律送診發藥；一面散放急賑。祇杯水車薪，難敷救濟。請速撥賑款，活此孑遺。

時新委茂縣縣長沙銕帆尚未赴任，乃由參謀團撥發賑款二千元，米一千石，（每石一百五十斤，價銀六元四角五分，一千石折合洋六千四百五十元，）一併交由沙銕帆攜赴任所，會同省賑會所派人員，迅速散放。

理番、懋功，與茂縣均屬邊區，向稱貧瘠。被匪攻陷，盤踞數月，匪退時燒掠一空。其受災情形，與茂縣亦復相同。迭據駐軍長官范紹增、鄧錫侯暨各該縣縣長……等呈請賑濟。亦係援照茂縣成例，由參謀團各發賑款二千元，賑米一千石，令其分別散放矣。

會理、西昌、德昌三縣，亦係受災區域，經薛岳分別賑濟，據稱：

會理附城居戶，被劉元璋焚燬千餘戶，災黎待賑，情殊可憫！經代發新滇票一萬元；西昌附城商戶，亦焚燬七千餘戶，經代發新滇票三萬五千元；德昌

被匪搶掠，損失甚鉅，經代發新滇票五千元。均係
以鈞座名義，分發各戶賑濟，以佈鈞座愛民德意。
請發還歸墊。

緣彼時朱毛股匪，突破金沙江，圍攻會理、西昌，
守軍劉元璋因戰略關係，焚燬附郭民房，便于堵剿故
也。德昌則係被匪搶掠。薛岳墊款賑濟，計三縣共發新
滇票五萬元（每新滇票一元八角，折合申鈔一元；五萬
元折合申鈔二萬七千七百七十七元七角七分），經由參
謀團如數發還薛岳歸墊矣。

計經參謀團先後直接散放四川被災各縣賑款賑米，
共十萬餘元，均由參謀團呈請核銷，不在川省賑款之
內。茲再列表如下（洋元）：

平武	
松番	50,000.00
青川	
天全	1,178.00
江油	1,410.00
平武	
南壩	350.00
何家壩	48.00
舊州	82.00
茂縣	8,450.00
理番	8,450.00
懋功	8,450.00
會理	
西昌	27,777.77
德昌	
合計	106,195.77

連同四川省賑務會經手散放之款，共四十六萬餘
元，全活災黎，雖未據報，為數當不少也。

貴州

　　貴州向本瘠貧，糧食產額，不敷消耗，平時尚需仰給外省。自經蕭、賀、毛、朱股匪先後竄擾，閭里蕩然。迭據黔省各機關團體呈請撥發急賑。乃于三月二十三日分電行政院財政部曰：

> 查黔北地瘠民貧，連年荒歉。近遭赤匪蹂躪，燒、殺、搶、掠，閭里為墟，民食更形缺乏。接近川邊之赤水、鰼水、仁懷、遵義等縣，受禍更慘！據報人民多掘白泥充飢，因而致死者甚多，情殊可憫！擬請中央設法撥款，發交該省政府查收賑濟，以恤災黎。

並抄發四川省賑務會組織章程，令黔省府參照川省辦法，迅速組設黔省賑務會。旋據賚呈貴州省賑務會組織章程（載附錄）呈報省賑會于六月一日，正式成立。同時並准財政部匯來賑款五萬元，當即轉發黔省分別散發矣。

　　黔省于領到賑款後，即飭各縣設賑務分會，專司其事；並訂發各縣賑務分會組織章程（載附錄），以資遵守。一面釐訂各縣安撫流亡辦法（載附錄），凡受災各縣，即由縣長籌辦善後：關于居留災黎，急謀賑濟安頓；關于流亡災黎，剴切布告安撫，促其回籍。至安撫遣送流亡各費，規定：（一）由各縣呈請發給賑款；（二）提撥地方公款或公產；（三）勸募慈善捐款。流亡回籍已失舊業者，則飭由縣府設法貸與小賑資本，或聚集辦理各項工作（如建築公路，修補碉堡，建修堤堰，疏濬溝渠，及培植森林……等項），一面製訂預防

水旱各災辦法（載附錄）令各縣認真督飭舉辦。

西康

西康所屬之瀘定縣，為西康門戶，毘連內地。自清末改土歸流，與漢族同化，民俗敦厚，為西康各縣之冠。人口四千餘戶，幅員橫六、七十里，縱二百餘里，踞大渡河上游，兩山高峙，一水中流，地土磽薄，頻患饑饉。匪擾以後，城區燒燬，僅餘民房二十餘間，人民露宿風餐，無家可歸。劉文輝一再呈請賑濟。經參謀團撥款二千元，令由西康建省委員會具領轉發；並飭將西康全省被災各縣災民人數，災情輕重，籌款賑濟情形，由建省會統籌辦理具報。至十月底止，其辦理情形如何？迄未據報。

五、撫卹

五月二十日，匪陷冕寧、越巂，縣長鍾伯琴、彭燦死之。先是朱毛股匪，由黔入川，企圖北竄，與川北徐匪會合，寧屬各縣，適當其衝。冕寧縣長鍾伯琴繕治城郭，建築碉堡，籌餉調團，日夜不懈，欲斷匪軍北竄之路。迨西昌吃緊，冕寧同時震動。而城內僅有戍兵一連，團隊四十名。伯琴所編練之民兵，人槍八百，又奉調前方，不能抽回。伯琴乃于十六日，請駐大橋場之團長李德吾至城，集合官紳，會商堵剿策略。時李團亦僅有兵四排。僉以兵力單薄，若專守城，徒供犧牲，而城亦不可保。不如先令城內人民糧食，退運山隘。伺匪

到，由伯琴率領團兵退大橋，會合李團，齊退守著名天
塹之野列銕宰宰，與大渡河北岸守兵，切取聯絡。一面
掘斷要道，堅築工事，由李德吾扼險固守。匪雖眾，亦
難飛越。追兵繼至，可夾擊成功。守城無益，棄之便。
議既定。為城內潛匪偵悉，勾結深山夷民，預伏大橋至
野列銕宰宰途中之白溪河，匪以便衣隊參雜其間，擔任
指揮，伯琴蓋不知也。十八日，匪越西昌，伯琴于是夜
率團隊夷民退大橋。十九日會合李團，由大橋向野列銕
宰宰前進，至白溪河，伏匪齊出。伯琴知中計，與李德
吾竭力抵抗。匪大隊于二十陷冕寧，復以主力追擊伯琴
等，伯琴等陷入重圍，浴血奮戰，展轉連朝，匪不敢
近，惟四面堵截，不令突圍耳。二十一日至三久河，伯
琴已被重傷，猶奮臂一呼，裹瘡搏擊，斃匪數人。卒以
彈盡力竭，與李德吾先後陣亡；同時死難官兵，共二百
餘人。伯琴宰冕經年，勤政愛民，深得士卒心，故
願與同盡。而奇計未成，以身殉難，尤為有識者所
惋惜也。

　　朱毛既竄西昌冕寧，越巂亦同時告警。時越巂縣長
彭燦，係保定軍官學校畢業生，歷任軍職，勝略過人。
見朱毛循石達開故徑，不利流竄，欲會合援軍，殲于建
南。聞警後，于安隘節節佈防，鏟削小相嶺大小各路，
派兵扼守。五月十九日拂曉，匪軍大至。城內僅駐兵一
連，此外皆為團隊義勇隊等。燦恐各處隘口有失，則城
亦不保。乃將城內軍團，盡數調赴前線，分守隘口。城
內頓形空虛。所請援軍，一時又難到達。燦隨身僅有弁
兵五人；臨時編組市民為義勇隊，登埤而守，共得土槍

二十枝，不足敷佈；另編巡城隊以聯絡之。燦親至各處撫循軍民。雖兵力單薄，而秩序如常，無驚擾逃避者。蓋見燦眷屬皆在城內，態度鎮靜，眾料援兵旦夕可到故耳。

二十日，堵防西越要隘之墩相隊長告急，燦馳往援剿。時匪勢甚大，眾寡懸殊，為匪擊潰。方收容整理間，匪以便衣隊間道襲陷縣城。燦退無可據，追匪又復繼至。乃率殘餘部隊，掩護難民，且戰且卻。日暮退據高山，僅餘弁兵五名，團丁十餘名，及老弱男女難民百餘人。黎明，匪復環攻，燦顧左右，僅有弁兵五人矣。時飢疲過甚，勉力拒戰。迨及日中，卒不能支，遂被執。

當匪攻城時，有眾千餘人，環攻久不下。破城後，僅得槍五枝。大怪，遍搜無所得。咸驚服不已。時教育局長傅子良，紳士范士良及燦妻子均被執。匪欲燦降，釋其妻子。燦不屈，乃捆赴大渡河之曬經開。燦沿途罵賊不絕口，脫縛奪刀自刎死。傅子良、范士良及弁兵彭德等五人，亦均投河死。時五月二十八日也。

自剿匪軍興以來，縣長殉難者尚不多見。委員長在贛督剿時，曾一再鼓勵，並規定：剿匪殉難縣長，由軍事委員會呈請國民政府明令褒卹，准照陸軍上校或少將陣亡例，給予一次卹金一千或一千五百元；遺族每年卹金五百或六百元，通令遵照。冕寧、越巂兩縣縣長殉難後，迭據川康邊防總指揮劉文輝呈請褒卹。經令四川省政府填具調查表證明表等項，呈由行營援案咨轉軍事委員會轉呈國民政府核辦矣。其餘殉難官兵，則令四川省

政府分別給卹，以資激勵。

第三章　關于財政事項

四川

　　川省財政，來源本多，因軍費膨大，以致入不敷出，負累日深，軍民交困！故收拾川局，以整理財政為第一要著。中央于光國入川時，即派員隨同入川，設立四川財政特派員公署，從事整理。復于七月，設立行營駐川財政監理處，委四川財政特派員及四川財政廳廳長為正副處長，整頓一切稅收經徵及經費核發事項，以期簡單敏活，增進效能；並商准財政部指定中央銀行四川分行為聯合金庫，凡川省內國省兩稅收入，自七月十六日起，悉數解存該行，以備支撥。

　　關于川省各項財政，數月以來，均在積極整理中，案牘盈箱，不及枚舉。茲僅就其犖犖大者，節述如左：

一、鹽稅
　　四川各地鹽產，年約六百五十萬擔。各場產量，以富榮為最大（年產三百萬擔以上），佔四川總產量百分之五十；犍為次之，佔百分之九；樂山、靈陽又次之，各佔百分之七與五；其他小場，不過百分之一二耳。

四川食鹽產量統計表（單位千石）

民國十一年	6,195	民國十七年	6,489
民國十二年	6,734	民國十八年	6,394
民國十三年	6,673	民國十九年	6,443
民國十四年	6,717	民國二十年	6,010
民國十五年	5,324	民國廿一年	5,940
民國十六年	6,485		

　　鹽觔計算單位，徵稅雖以擔計；然地方交易習慣之票鹽則以票計，陸運每票為一百觔，水運為一百六十觔。引鹽則以儎計，花鹽一儎為九張引，每引一萬觔，共九萬觔；巴鹽每儎十二張引，每引八千觔，共九萬六千觔。

　　川省行鹽，清時引票並行，引額有定，票鹽則任人購食，並無定數。民初改為就場徵稅，引額已廢。民四規復引地，嗣經規定全川銷額為五百萬擔。其後引額雖廢，總銷之額仍舊。十八年，財政部復規定總銷額為五百九十餘萬擔。此不過以歷年實銷之數，為徵收及督徵官吏之收成；非為定銷之額。以近年放鹽量觀之，年均在六百萬擔左右。至二十三年，增為七百一十萬擔，為近十年來最高之數。

　　各場銷量，向以富榮為最大，一年在三百五十萬擔（佔全川鹽場總銷量百分之五十以上），犍為、樂山次之，一年銷一百萬擔，居次位（佔總銷量百分之十五）；靈陽第三，一年銷四十萬擔（佔百分之五）；射蓬更次之，一年銷二十萬擔（佔百分之二），其他各場，不過百分之一二而已。

十年來四川放鹽統計表（單位千元）

年別	川南	川北	合計
民國十年	4,947	1,338	6,825
民國十一年	5,085	1,369	6,454
民國十二年	4,714	1,420	6,134
民國十三年	5,237	1,405	6,643
民國十四年	4,176	1,309	5,485
民國十五年	4,822	1,352	6,174
民國十六年	5,014	1,408	6,422
民國十七年	4,932	1,496	6,428
民國十八年	5,059	1,530	6,589
民國十九年	4,270	1,496	6,766
民國廿年	4,424	1,447	5,874
民國廿一年			未詳
民國廿二年			6,781
民國廿三年			7,165

最近四川各場銷鹽數量表（單位擔）

場別		二十二年	百分比	二十三年	百分比
川東	雲陽	401,000	5.61	419,000	5.85
	大寧	138,000	2.04	127,000	1.77
	彭水	29,000	0.43	31,000	0.43
	開縣	51,000	0.75	40,000	0.56
	奉節	42,000	0.62	42,000	0.59
	忠縣	8,000	0.22	8,000	0.11
川南	富榮	3,517,000	51.86	3,561,000	50.11
	犍樂	1,129,000	16.65	1,109,000	15.48
	井仁	100,000	1.45	116,000	1.62
	資中	36,000	0.56	40,000	0.56
	鄧關	1,000	0.02	1,000	0.01
	鹽源	52,000	0.77	52,000	0.67
	大足	3,000	0.04	3,000	0.03

場別		二十二年	百分比	二十三年	百分比
川北	南閬	174,671	2.18	189,054	2.64
	射蓬	191,914	2.83	244,737	3.42
	三台	163,353	2.41	210,463	2.92
	樂至	134,452	1.98	176,574	2.46
	蓬中	161,367	2.38	206,333	2.88
	綿陽	95,593	0.14	125,559	1.75
	蓬遂	107,655	1.59	145,016	1.02
	西鹽	53,133	0.78	66,433	0.93
	南鹽	39,132	0.58	53,323	0.74
	射洪	85,977	1.27	113,247	1.58
	簡陽	41,166	0.61	53,870	0.76
	中江	25,804	0.38	31,611	0.44
合計		6,781,217	100.00	7,165,220	100.00

川鹽行銷岸別有五：

一、計岸：計口授食之岸也。其區域為本省宜賓、江
　　安……等二十四縣，成都、岳池……等三十八縣，
　　湖北之宣恩、秭歸……等十二縣。

二、邊岸：銷行于雲、貴，出于川邊之外者。

三、濟楚岸：接濟楚境食鹽之岸也。其區域包括湖北
　　之宜昌、江陵……等二十八縣及湖南之澧縣、石
　　門……等六縣。

四、四川票岸：前清鹽課歸丁之各縣也。設局徵稅而
　　給以票，故謂之票鹽。其區域為富順、隆昌……等
　　七十五縣。

五、陝省票岸：其區域為陝省之南鄭……等二十一縣。
　　亦並銷甘鹽。

　　至于引票鹽稅率，則各不相同。即同一引鹽，而稅
率亦復各異。川省引鹽現行稅率，最高者為富榮廠每擔
正稅二元五角；其次犍樂廠則為二元一角；射蓬、簡陽

兩廠一元八角；雲陽、大寧兩廠一元五角。富榮廠濟楚
岸鹽每擔稅率僅一元；惟引鹽每擔須另加收鐍虧附加三
角，則完全一致。以前川省徵收地方附加稅種類極繁。
本年七月一日，經規定富榮廠于正稅鐍虧外，每擔徵收
統一附加二元；犍樂廠每擔徵收「統一附加」一元一
角。此外本省所徵各項附加，一律取銷。至川省票鹽稅
率，最高者為川南各廠，每擔由一元二角，一元八角，
一元六角，一元五角，一元四角以至一元三角；其川北
票鹽稅率，每擔統為一元二角。其票鹽應納之鐍虧附
加：川南每擔三角，川北每擔二角，茲收川省引鹽票鹽
稅率分別列表如下：

川省引鹽現行稅率表（單位元）

廠別	正稅		鐍虧附加	統一附加	合計
富榮廠	邊計 濟楚	2.50 1.00	0.30	2.00	4.80 3.30
犍樂廠		2.10	0.30	1.10	3.50
射蓬廠		1.80	0.30	無	2.18
簡陽廠		1.80	0.30	無	2.18
雲陽廠		1.50	0.30	無	1.80
大寧廠		1.50	0.30	無	1.80

附註：查射蓬廠在公司運銷時代，每年應行銷引鹽，為
一八一・〇六五石。迨至公司制度取銷改行自由販運
後，射蓬應行引數，幾全數無形改行票鹽，稅款損失至
鉅。現時整理鹽稅，應仍由票鹽改歸引鹽，俾恢復引
額，以裕稅收。

川省票鹽現行稅率表（單位元）

廠別		正稅	鎊虧附稅	統一附加	合計
川南	富榮廠	2.20	0.30	無	2.50
	犍樂廠	1.80	0.30	無	2.10
	雲陽廠	1.20	0.30	無	1.50
	大寧廠	1.20	0.30	無	1.50
	鄧關廠	1.50	0.30	無	1.80
	井仁廠	1.60	0.30	無	1.90
	資中廠	1.60	0.30	無	1.90
	鹽源廠	1.50	0.30	無	1.80
	奉節廠	1.40	0.30	無	1.70
	開縣廠	1.20	0.30	無	1.50
	彭水廠	1.20	0.30	無	1.50
	大足廠	1.20	無	無	1.20
	忠縣廠	1.20	無	無	1.20
	萬縣廠	1.20	無	無	1.20
川北	南閬廠	1.20	0.20	無	1.40
	射蓬廠	1.20	0.20	無	1.40
	三台廠	1.20	0.20	無	1.40
	樂至廠	1.20	0.20	無	1.40
	蓬中廠	1.20	0.20	無	1.40
	綿陽廠	1.20	0.20	無	1.40
	蓬遂廠	1.20	0.20	無	1.40
	西鹽廠	1.20	0.20	無	1.40
	南鹽廠	1.20	0.20	無	1.40
	射洪廠	1.20	0.20	無	1.40
	簡陽廠	1.20	0.20	無	1.40
	中江廠	1.20	0.20	無	1.40

　　鹽稅收入，迭有增減。過去十年間，最高時為民國十六年，收入達一千四百一十一萬元；最低時為十九年，收入僅九百四十九萬元；二十二，二十三兩年，收入一千零八十萬元，雖較高于十九年，而比之十六年，則相差四百萬元之鉅。自鹽斤改秤後，按過去稅收，可增加四分之一，預計本年全川鹽稅，每月可一百三十五萬元，全年可收一千六百二十萬元。

十年來四川鹽稅收入統計（單位千元）

年別	川南	川北	合計
民國十年	9,348	1,775	10,123
民國十一年	10,492	1,806	12,298
民國十二年	10,049	1,869	11,918
民國十三年	10,720	1,843	12,563
民國十四年	8,577	1,843	12,563
民國十五年	9,838	1,751	11,609
民國十六年	12,245	1,865	14,110
民國十七年	10,122	1,947	12,069
民國十八年	10,272	2,000	12,272
民國十九年	7,600	1,899	9,498
民國二十年	10,078	1,944	12,022
民國二十一年			未詳
民國二十二年			10,835
民國二十三年			10,870

本年四川鹽稅收入預計概算表（單位千元）

場別	月收	年收
川南引稅	900	10,800
川南票稅	200	2,400
川東鹽稅	50	600
川北鹽稅	200	2,400
合計	1,350	16,200

　　茲于整理四川鹽政之初，不能不將其「運銷制度」演變之過程，略述梗概。緣四川之行鹽，分引鹽、票鹽二種。行票始于清初，其徵課極微；至康熙間乃復頒引，分水引、陸引兩種，由產鹽州縣，招商配運而為引票並行。厥後迭有興廢，凡七易制度。

一、自雍正七年，至光緒初年，為改辦產地招商配運，而行計口授鹽行引制，其制為責由地方官吏，就地按口計鹽，招商領配，運回本境。惟每引之配鹽有定，場灶之產鹽不一，故除配引外，餘鹽尚多。

同治元年，川督駱秉章以餘鹽漏稅滋甚，乃于富場改就場徵稅而復票制，于是引票並行。迨至咸豐中葉，西南興兵，川、滇、黔三省邊地不靖，商運皆歇，民苦淡食，而引皆虛懸，稅收短絀。

二、由光緒三年至民初，為行「官運商銷制」，光緒三年，川督丁寶楨鑒于斯弊，創辦官運。于是川鹽史上，現一大改革。其制將滇、黔邊岸，及湖北八州縣，並本省沿邊：巴縣、江北……等三十三廳、州、縣，改由官運，設總局于瀘州，設分局于各岸，每岸招商設店，每年分五、八、臘三個月為關期，每關由場局按場向灶議價配鹽，于成本外加入一切裝運各費，核定到岸鹽價，由各岸局發商銷售。設置既周，銷行遂暢，稅入驟增。光緒二十八年，川督岑春萱復將成、彭……等三十八廳、州、縣鹽引，改歸官運，名為「新計岸」，于官運區域擴大。然官運區域，率在邊遠。鹽價較高。而票鹽區域，稅徵本輕。其毗連官運之處，侵銷自多。行之既久，侵越愈廣，官銷益滯。

三、民初至民四，為行「就場徵稅制」，破除鹽岸，任商民自由販運，就場徵稅；一稅之後，任其所之，祗于查驗，不再重徵。卒以邊地路遠，運商裹足。而銷路頓挫，稅收銳減。

四、民四至民五，為試辦「公司專賣制」期，組織十八公司，專司專賣，恢復前清引鹽分場分岸辦法；同時增加稅率，期復宣統元年預算六百二十萬兩之數。結果成績尚佳。但試辦期滿，旋即撤銷。

五、民五至十四，為行「有限制之自由販運制度」，而
　　存分廠分岸辦法。自由販運，邊岸每苦滯運；破引
　　存岸，則互相侵銷。于是銷量停滯，收入短少。

六、民十四至本年五月，為「包商制度」，其制場岸均
　　存，而稅款則由商包繳。蓋因當時防區制已成，鹽
　　稅撥充軍餉；而自由販運，稅款淡旺不均，由商按
　　月包繳，則按數取鹽，整而且簡。十九年重訂招商
　　章程，改稱「專商」其實則一。其弊包商既負有向
　　政府按期包繳之責，則包商轉捎買勒賣，以操縱灶
　　戶，剝削平民，結果商肥而官民交病。

七、自本年五月起，恢復民初之「自由貿易制度」。
　　其弊：
　　1. 場產管理未盡妥善，則私鹽充斥；
　　2. 運鹽由商自便，則輕稅鹽侵銷重稅鹽區；
　　3. 利益全歸商人，則官運時代之盈餘，化官為私；
　　4. 任商自由販運，則邊岸各地，路阻私薄，運銷自
　　　滯，稅收難旺。

　　現行「自由販賣制度」之弊，既如上述，民初失
敗，可為殷鑒；近年稅收銳減，尤為顯著之事實。經定
整理辦法如下：

一、改行官運商銷，參照前清丁寶楨官運遺規，略定辦
　　法如次：
　　1. 照近年平均產銷鹽額，規定各場產額量。
　　2. 分廠核定在場鹽價，由官收買；其給價交款期
　　　限，仍照以前官運時代辦法，每年分三關議交。

3. 收買各廠之鹽觔，招商認案承銷。參照以前官運辦法，酌收押金，並規定其應得之利益，鹽觔由官運到指定各銷岸之適當地點（其地點路線條參照以前官運辦法及現在交通變更情形規定之），各認商收鹽後，即照價繳款。

4. 官運運費及一切用項，最初第一批暫由認商所繳之押金墊支；嗣後將鹽運到各岸，所有運費等項，即由鹽價款內挪支，以資用轉。

5. 在各銷岸核定鹽價，由管理機關牌示週知。所有運費稅折子息，概包價內，勿得率爾增減，以昭公允。

6. 于扼要地點，設食鹽運銷機關。為統一鹽政節省經費計：即以該地收稅官兼任之。其職掌：

　子、照限定產量，分配收買各廠鹽觔；

　丑、照規定鹽類差額路線，分期轉運于指定之地點；

　寅、分岸招商承銷各岸應銷之鹽；

　卯、分岸核定鹽價；

　辰、管理各廠稅警緝私事宜；

　巳、管理各岸運銷專項。

二、加重票鹽稅率

川省行鹽，向有票引之分。票鹽稅率較輕，因票鹽多係挑擔小販，故隱屬體恤之意。無如鹽梟奸商，惟利是圖，避重就輕，稅款損失至鉅。富榮、犍樂引稅，既已分別加重，如不增加票鹽稅率，則侵銷之弊，更無法遏止。經將票鹽每擔照現行稅率，一

律增加一元，使稅率平衡而杜侵銷之弊。

三、增調稅警緝私

　川省私鹽甚熾，在廠有廠私，到岸有岸私，以及灶戶、綑扛、船運無一無私。而幅員廣闊，山深林密，查緝繁難！現有稅警，不敷分配。經由財政部另調稅警一團來川，于各扼要地點，駐防查緝，並嚴定懲罰，優予獎賞。

四、濟楚岸專銷川鹽

　濟楚川鹽，在前清中葉，每年銷路，曾達一萬零八百引，為最高之紀錄；民四「公司運銷」時代，每年銷路為九千九百引（合新衡一百二十七萬八千擔）；近年銷路，僅三十五萬一千擔，較民四又減銷將及四分之三。其原因：

1. 富榮產鹽，成本較高，商人無利可獲，不願營運；

2. 鄂省徵收進口稅率過高，川鹽運到楚岸，不能與淮蘆鹽競銷。

　為保持楚岸，增進稅收計，整理如次：

1. 按照官運商銷辦法，鹽由官運，招商認銷；

2. 官運規定邊計各岸鹽價，酌為增加；以增加之款，作為津貼楚岸認商之用；

3. 官運規定楚岸川鹽售價，使與淮蘆鹽價一致，以資平衡。

五、擴大生產量

　川鹽近因滷量過多，火井使用瓦斯，以致滷水過剩；而火灶又限以炭灶專案，不能由火改炭，坐視

利棄于地。為增加產量計：在富廠方面，瓦斯較
足，則增設火灶，並用科學方法，妥為裝置；在榮
廠方面，則取銷炭灶專案，多設炭灶，並使炭灶燃
燒，完全科學化。其他……各廠場，亦依次改進。

六、其他改良事項，如：自流井至鄧井關河流之疏濬；
內江至自流井公路之建築；威遠產煤區採運之改
良……等，均次第計劃施行。

二、印花稅

川省自民六以後，各軍均自製印花稅票，然稅收極
微（年僅萬元）。十二年秋，財政部在重慶設辦事處，
推行印花，稅收較旺（每月可收二萬餘元）。惟成都、
重慶兩局對立，久未統一，全省雖劃分十四區；然率以
駐軍防區為標準；且徵收亦無定律，馴至變為一種交易
稅。歷年收入，概由駐軍留用，收數亦無可稽考。

上年十一月，改歸中央辦理。自本年三月十五日
起：將舊印花概予作廢；同時取消向之承包攤派辦法，
按照中央通行制度，交由東川、西川兩郵務管理局，發
交所屬各局售賣部製「寶塔式」新印花，按月繳解國
庫。至四月，已推行五十五縣；八月，復推行至一百零
二縣。其推行情形，略如下表：

月別	東川	西川	合計
四月	37	18	55
五月	39	33	72
六月	43	39	82
七月	50	42	92
八月	50	52	102

推行既廣，收入漸增。東川為川省各重要商準之所在地，故收入數亦倍于西川。茲就各月印花稅收入數額，列表如左（單位元，小數略）：

月別	西川	東川	合計
一月	184	1,843	2,027
二月	50	1,799	1,849
三月	172	3,407	3,579
四月	716	6,298	7,014
五月	2,313	7,729	10,042
六月	2,682	7,081	9,764
七月	4,125	8,530	12,655
八月	4,755	9,705	14,460
九月	4,821	11,885	16,706
十月	5,837	10,947	16,784

川省印花稅收入，各月比較雖略有增加；但以川省戶口之眾，比之他省收數，則瞠乎其後，尚有賴于後此之整理也。

三、菸酒稅

川省為國內著名產菸地，佔全國第二位（次于山東），每年均有大宗出口。酒類產量不多，出口極少。至菸酒稅率，原定百分之二十五。自十三年以後，稅收率由駐軍提用，無總數可稽。

本年四月一日由中央接辦後，集中事權，逐漸推行，將全川劃為三十區，區各設分局一，管轄數縣；並酌量每縣或併數縣設一稽徵所，計共六十八處；其有特殊情形縣份，則由縣政府徵收局查辦，計共五十處，均分別負責辦理稽徵事宜。其收入自四月份起（雖六、七

兩月為淡月，稅收略減），各月均在十萬元以上。列表
如左：

月別	收數（元）
四月	6,257.94
五月	144,490.29
六月	143,754.77
七月	129,944.64
八月	130,558.62
九月	296,888.55
十月	144,938.34

　　川省菸酒全年稅收，在未經戰亂以前，達一百二十
萬元以上。據最近印花菸酒稅局估計：如匪患敉平，年
事豐收，則年可增為二百六十萬元。然以上表稅收數目
比例論，相去尚遠。故今後仍須努力整理。

四、統稅

　　自二十年創辦統稅，先後推行內地各省，川省迄未
開辦。凡統稅貨物入川者，概徵地方稅捐。本年七月，
商得川省府同意，于八月一日開辦。維時因整理川省地
鈔，發行庫券三千萬元，即以四川部份統稅作為基金之
一。由財政特派員公署一面通知川省停徵統稅貨品之地
方稅捐，一面成立重慶、萬縣兩檢查所，並分別派遣各
麥粉、火柴廠駐廠員，現已全部就緒。

　　四川工業落後，機製工廠，極不發達。是以統稅貨
品，祇有火柴、麥粉兩項。其他各貨，均由外省輸入。
如棉紗一項，年有二千萬元至三千萬元之輸入，佔川省
總入口量百分之五十至六十（其他由帆船輸入者，尚
不在內）。捲菸每年輸入，亦有百萬元之數；水泥、火

柴、麥粉、啤酒、火酒等項，為數亦復甚鉅。故現在四川之統稅，係重在查驗；直接收入，固不甚多。而其間接增益則甚大，因其銷量過于產量也。據現在估計，全年收入為三十萬零四千元，其中以火柴統稅為最多，一年有三十萬零三千元（佔總收入百分之九十九強）；麥粉統稅，年祇有一千五百元，尚不足百分之一。茲將二者估計收入，表列如左：

稅別	收入估計數（元）	百分比
火柴統稅	303,345	99.40
麥粉統稅	1,500	0.60
合計	304,845	100.00

　　川省自開辦統稅後，因火柴、麥粉等共有四十餘廠，照章派員駐廠徵稅。又因開辦統稅以前免稅運川，於八月一日（開辦統稅以後）到達川省之菸件，奉令補收統稅，故有鉅額補稅之事。至每年由省外運入統稅貨品，為數甚鉅；兼以鄰接非統稅區關係，查驗工作，尤關重要。故開辦以後，頗費周章，茲分述如次：

1. 補稅事項：川省在未施行統稅以前，凡由瀘、漢菸廠起運入川之菸件，概係免稅，以備川省稅收機關之課徵。自本年八月四川財政特派員公署兼辦川省統稅後，所有八月以前起運免稅菸件于八月一日以後到達者，補收統稅，以均負擔。惟各菸商以捲菸統稅稅率高于省稅稅率，藉故拖延。直至九、十兩月，重慶方面，始陸續補徵完竣，計稅箱數五、四九七箱；補徵稅款四三九、七六〇元（內有少數萬縣補稅款及地鈔三九四、〇〇〇元）。萬縣方

面，因檢查所成立稍遲，八月一日以後到萬捲菸，
多由地方稅局徵收地方稅。商請川省府退還原徵地方
稅，再令補完統稅。而商人以地方稅早已繳納，
貨又多數售罄，要求減免，久延不決。其狡點者甚
至收店歇業，辦理深感困難！（賀國光註：此案延
至二十五年一月川省府撥還原徵地方稅洋，另飭商
人補繳一部，始得辦結。）

2. 徵稅情形：川省各火柴廠，以前由省稅機關徵收特
稅，每箱僅徵一元〇八分。自辦統稅後，因稅章並
無土製火柴稅率規定，最低應按硫化燐甲等級每箱
徵十元〇八角。各廠難勝負擔，亦屬實情。經准按
硫甲稅率折半徵收（每箱徵洋五元四角）。其麥粉
廠稅收，以前因係請准川當局免稅，改徵統稅，亦
費周章！故八、九兩月，全無稅收。茲將十月份徵
稅數目，列表如下：

廠別	收數（元）
火柴廠	1,377
麥粉廠	150
合計	1,527

3. 查驗情形：凡統稅貨品起運經過到達之處，必須報
經查驗。川省重慶、萬縣兩處，均入川貨品到達地
點，故設查驗所二所，分駐所二所；又于綦江、成
都、永甯、敘府、廣元五處分別設立查驗分所及檢
查員，專負驗貨緝私責任。除經驗起運經過到達貨
品外；並監查滇、黔、康、甘、陝等省未施行統稅
區域貨品之進出，由各該省入川者，既須查驗補稅；

而由川運往各該省者，亦須查驗放行，以杜影射混漏等弊。

五、礦稅

四川週圍皆山，惟中部下陷，為國內最著之盆地。其地質之構造，多屬古生界岩，及較古之變質岩層；而盆地中部，則為中生界岩層。故金屬及非金屬礦均甚富（金屬礦多散布于四週；非金屬礦如煤、食鹽、鉀鹽、石油……等，則多蘊蓄于中部）。

稅收在前清時分課金、課銅、課鉛、煤銚經費等名目。課金由百分之十至三十；銅、鉛則百斤抽課七斤八兩；煤一噸徵銀五分。民初因之。五年，照農商部頒佈之礦業條例及小礦條例，改行新稅，則礦稅為二：一為「礦區稅」，二為「礦產稅」。區稅以礦區面積畝數為標準；產稅則按平均市價徵千分十五；惟銚礦因無規定，仍照舊噸數抽收。

川省礦產雖富，然以只限于小規模之開採，產量小而稅收亦微。十三年以前，最高數字為民二，計銀元曾達二萬六千元，生金達三百兩；自民六以後，銀元尚不足萬元，生金祇有一百兩；民十三年，銀元落為八百元，生金落為九十七兩；十三年以後之收入數字，無可稽考。

徵收之法，產稅前由財政廳責成各縣徵收局辦理，區稅則由建設廳責成各縣建設科徵收。本年八月，以派員駐礦徵收為原則，以查驗補稅及估定平均產量按月納稅為例外；復以四川情形特殊，如派員駐礦甚感困難

時，接辦之初，暫仍委託原徵機關照舊代徵，故有自
徵、代徵兩項辦法，茲分述之：

一、自徵：先將江北、巴縣兩縣礦產稅劃為自徵區域，
　　並在該區成立駐礦辦事處一處，辦理稽徵事宜。依
　　部頒礦產稅稽徵暫行章程第十一條之規定，核算各
　　礦每月平均產量，計其每月應納稅款，通知各礦按
　　月繳納，由駐礦辦事員填發完稅照，以便行銷。

二、委託代徵：全省各產礦區域除江、巴兩縣外；其餘
　　各縣，仍責令各縣徵收局代為徵收。徵收辦法，並
　　按舊制招商辦理；一面擬訂礦產稅招商包稅暫行辦
　　法，作過渡時期代徵之規律。

　　　此外礦產稅稅率，依全國現行礦產統稅言，多為百
分之五；惟川省稅率定為千分之十五，而實行徵收，率
為百分之二。四川礦產，以煤炭為大宗，年來銷路呆
滯，營業不振，為兼顧事實起見：除自徵礦區，先按
部訂稅率徵收百分之五外；其他區域，仍暫徵百分之
二，以示體恤。

　　　礦產稅之概況，既如上述。至于礦區，各礦商按照
法定手續領照註冊者，為數甚少。現據川省府宣佈：全
省礦業據各縣呈報約一萬五千餘家，其註冊手續完備
者，僅大礦十數家，小礦六十五家。私礦之多，駭人聽
聞。川省府刻正規定整理辦法，其要點：

1. 令各縣彙集私礦名冊，並成立礦冶咨詢處，以備礦商
　　咨詢一切。

2. 建設廳彙集之私礦名冊，發交各縣對照清理，已停及
　　私開新礦，均須註明復查。

3. 組織巡迴測量隊，分頭出發，勒令各私礦立案；其不
   依令立案者，立即封禁。

4. 以上三程序均經完竣時，由省政府派員復查；如再發
   現私礦，縣長及區長負其責。

以上各辦法，倘能實施，則礦區有定；而礦稅之徵收，
亦易于進行也。

六、田賦

川省自明末兵燹之後，民半逃亡，地多荒蕪。清初
招移粵、湘、鄂、贛等省黎庶入川墾種，所撥田地，大
都聽民插佔，給與執照，計畝升科，起賦從輕。田分民
賦田、土司地、衛所歸併州縣屯田、衛所管理屯地數
種。民賦田初僅科徵地丁一項：上田每畝載糧四五分，
中田二三分，下田輕者四五厘不等，地有高下，載糧亦
各有等差。徵收向分上下忙，聽民自行投櫃。計全省民
田四千七百零六萬二千四百餘畝，每年額徵地丁庫平銀
六十六萬九千一百三十一兩有奇。咸豐四年，餉用支
絀，以定制不得加賦，乃徵津貼，每糧一兩，徵津貼一
兩，計歲入五十餘萬兩。同治元年，又辦捐輸，每糧一
兩，收捐八九錢至二三兩不等，收數約為一百八十餘萬
兩。光緒二十七年，加派畝捐一百萬兩，名「新加捐
輸」。以上津貼新舊捐輸三款，皆屬末年地丁項下帶
徵，彙計年約三百四十餘萬兩，為正款之五倍有餘，歷
久遂成定賦。至土地司、衛所歸併州縣屯田、衛所管轄
屯地等，多在邊遠之區，最初科賦每畝不過銀一分，糧
二升。厥後略有變更，並多豁免，統稱曰「雜賦」，額

數無多。

民初將前清地丁一項，易名「正稅」，津捐三款，合併徵收，改稱「副稅」。正稅照前清地丁廠冊定額為準，無論大小戶，一律按地起徵，照科則完納，每年額定為六十六萬七千零一十三兩。副稅按照前清宣統二年津捐舊額派徵，每年額定為三百六十三萬一百一十四兩。至從前所有火耗……等名目，即行廢除。其徵收經費，于民三規定照糧額加收徵解費一成，年徵四十餘萬兩。總計正、副稅、徵解費三項，年共徵銀四百七十餘萬兩。旋復改兩百元，每兩折銀元一元六角，共折徵七百五十餘萬元。至于邊屯雜賦，年收三萬餘元。

自民四以後，財政系統破壞，田賦紊亂，自軍事長官以逮縣長、徵收局長及鄉長、團董之流，莫不巧立名目，肆意徵取。各縣或一年而徵數年之糧，或一月而徵一年之賦。迄今徵課最多之縣，有徵至民國八十年以上，其最少者，亦在民國四、五十年之間；此外臨時攤籌借墊者，尚不可勝計。而各縣團務教育建設等事業之附加，其名目繁雜，濫徵亦在正賦之上。重以徵收制度，既趨破壞，舊有廠冊，大半喪失，徵取乃操于吏胥土劣之手，于是中飽浸蝕浮收勒索之弊出，民間規避取巧之風盛，而無著亂糧及拖欠滋多。錯亂紛紜，不可究悉。本年三月，先後與川省府會商，釐訂改革田賦辦法，准令頒行。其最要者有八項：

1. 一年一徵及附徵之規定：全川各縣田賦，自本年三月一日起，一年一徵；在軍事未經整理就緒以前，暫照田賦一年數目，附徵三倍臨時軍費，此外不

得再有借墊預徵情事。一俟匪患肅清，軍隊整理就緒，附徵即行停止。以後所有各縣駐軍，均不得以任何名義，向民間徵取分文。

2. 公糧、學糧徵收之規定：過去公糧、學糧，多得減免攤派。故民間私糧，多冒稱公糧；或藉辦學為名，朦報學糧。現規定公糧與民糧同一負擔，學糧則一年兩徵，每徵一年；但以各縣教育科直接管理之公立學校田糧及私立學校曾報教育科立案將學產學糧劃撥清楚者為限，以免朦混之弊。

3. 無著濫糧攤收之規定：各縣濫糧，前係由攤有著糧民平均分擔。現規定仍照舊例辦理，以期足額。但應先查明濫糧攤額，以撥足徵額為度。嗣後濫糧清出若干，即減攤若干。如糧額掃解結束，較原定徵額或有盈餘，應悉數列解。

4. 取銷代徵包徵之規定：過去團保代徵差役包徵糧稅辦法，現經一律取銷。在未設立地政機關、舉辦登記、或土地陳報、確定稅率標準、改善徵收方法以前，由局設櫃直接徵收，各鄉團保祗負代催責任，不得經收稅款。如舊有徵冊殘缺不全，應即調查團保糧差徵收冊簿，設法清釐改正，從新編造。如款鉅期迫，必須分鄉就近督收，即由局派員攜同糧票赴鄉主持辦理。其攜赴各鄉糧票，應由局先將糧戶姓名、住址、稅率以及完納數目，逐一填寫明白；不准截空白糧票，以杜弊端。

5. 兩次徵收辦法之規定：田賦分兩期徵收：第一次限三月開徵，八月底掃解；第二次限五月開徵，十二

月底掃解。其每次應徵數目，按月平均攤繳。

6. 加扣手續費之規定：各縣過去徵收糧款，有查扣手
續費辦法。為免除徵收人員需索陋規並鼓勵收款迅
速起見：仍暫由各縣于徵收糧款項下，扣支手續費
百分之五。就中以一成半作地方各級國務人員督促
用費；以三成半作縣局派遣員丁下鄉督催收繳津貼，
臨時借款墊繳息金，以及製造廠冊一切辦公費用；
如有剩餘，再作縣局四六平均攤分。九月，復經川
省府改定辦法：以一成歸鄉鎮長及閭鄰長各半均分；
其餘四成，則歸縣局作徵收費用。

7. 舊有糧稅尾欠豁免之規定：在二十四年份田賦三月
開徵以前，其先各軍徵收未完各款（除團保收握未
解各款，仍應查明嚴限追繳悉數報解外），其實欠
在民數目，一律豁免。惟前隸二十一軍各縣，早定
一年四徵，舊欠不在豁免之列。

8. 邊區及匪區糧稅減免之規定：酉陽、秀山、黔江、
彭水、巫山、巫溪、雷波、馬邊、屏山、峨邊等
縣，地處邊瘠，情形特殊。本年糧款，除正賦一年
一徵外；酉、秀、黔、彭四縣應納之三倍臨時軍費，
一律豁免，雷、馬、屏、峨、兩巫六縣，則僅附徵
臨時軍費一倍。至于被匪後收復各縣，如通江、南
江、巴中、儀隴、萬源、城口、宣漢、達縣、蓬
安、古藺、蒼溪等縣，均分別核准蠲免兩徵或一徵；
並擬于蠲免年限屆滿後，再查酌分別緩免。其餘被
匪地方，或甫經收復，或尚陷匪區，均暫停徵。

　川省于整理田賦後，即廢除一切苛雜，截至九月

止，據各縣呈報廢除苛雜名目，達百二十種；裁撤舊有稅捐局所，計五十餘處。詳見下表：

三月

縣別	苛雜名目	稅率及徵額
萬縣	市二鎮學布捐	每疋收洋一仙，年約收入一千餘元。
崇慶	縣公債附加	每糧一兩，附加四元五角。
	過渡費附加	每糧一兩，附加二元四角。
	商會就糧附加	每糧一兩，附加二角。
金堂	淮州扁擔捐	年收若干？未據呈報。
江津	鹽饊附加	每饊附加十元，又印花四元。
彭水	鹽包抵稅	每包徵收二元，年約收洋五萬元。
石柱	觀音岩沿溪活豬捐	每豬一隻，徵洋一元六角。
犍為	竹根灘葫豆捐	每斗收取一合。
重慶	船捐	行駛一次，按船等級徵收，由數角至一二元不等。
酆都	地方醫院榨菜捐	每罈附加二角。
樂山	公安局木捐附加	包案，年認繳二百元。

四月

縣別	苛雜名目	稅率及徵額
成都	市政府民生工廠絲捐附加	按本徵收百分之五，月約數十元。
興文	安富場過道牲畜捐	稅捐若干？未據呈報。
萬縣	木業公會抽收石柱西陀鎮運萬木稅	每貨本百元，抽洋六元。
彭水	縣政府抽收桐油產場稅	每桶徵洋五角。
	商會抽收桐油產場稅	每桶徵洋二角。
合川	因糧抽收落地起岸斗息捐	每斗一合。

五月

縣別	苛雜名目	稅率及徵額
江津	廣興小河仁陀賈嗣等場學校抽收過道船捐	每船二角，或錢四五百文。
綦江	團防黨務抽收過道船捐	每船七角或四五角不等。
資中	清共浮橋捐	甲等船一元二角，乙等船五角，丙等三角。
資陽	地方及城防抽收浮橋捐	甲等船三元，乙等船二元，丙等五角。

縣別	苛雜名目	稅率及徵額
仁壽	半邊街八角車等處團防漕口捐	每船徵錢壹釧二百文不等。
清溪	富林場黃木廠設卡徵水旱挑鹽稅	按挑徵洋一二角不等。
江北	財政科白崖設防抽入貨捐	按貨百分之十。
	教育科太紅缸地方設卡徵收榨菜牲畜捐	每菜一罈，抽洋二角，牲畜如豬羊多寡不等。
瀘縣	整理市街碼頭委員會徵收船捐	大船一元三角四仙，小船八角。
	又米捐	每擔徵洋五仙。
華陽	銕鉗溝兩河口救生船會抽收船捐	每船徵錢三千文。
長壽	縣府紙捐	每大牋一百三十札，抽洋六角。
	商會紙捐	一挑徵洋二角。
	雜貨運銷業公會抽收雜貨捐	每挑徵洋二角。
萬縣	雜貨糖運銷業公會買厘捐	每挑徵洋二角。
南川	清鄉附加貨捐	照護商下照徵一成。
涪陵	蘭市各區抽收兩匯鄉紙捐	
中江	教科綿紗布捐	每疋抽洋二角。
崇慶	懷遠鎮棕繩捐	每五斤徵錢一千至二千。
合江	木業公會木捐	照買本百兩抽銀二兩六錢。
江安	大溪口團防徵收船捐	大船每隻二角，小船一角。
瀘縣	藍田壩團防徵收船捐	每船收冬防燈油費洋一角。
南溪	李庄鎮團防徵收船捐	每船一二角不等。
納谿	公安局徵收船捐	大船一千四百文，小船八百文。
萬縣	市政府桐油出口警厘附加	每簍一仙五星。
	市政府桐油進口警厘附加	每簍二仙五星。
峨眉	教建商會及各場徵收鹼捐桑桃青果絲繭桐業等捐	均屬包案，收入無幾。
石柱	黃永壩土產出口稅	每貨本百元，徵收二元。
	地魚鎮逃丁伙食津貼捐	每斗米徵錢三百文，宰豬一隻，附加一千文。
銅槃	竹筏炭船捐	由板橋起，至舊縣止，共一千零二場，每處二角至三角不等。

六月

縣別	苛雜名目	稅率及徵額
奉節	公安局稅捐附加	照前稅捐附徵百分之十。
巴縣	教科水菓捐	全年包案約一千八百餘元。
新津	教科木捐	按本徵百分之三，年約收洋一千餘元。
	財科漕口捐	下水長船徵洋四角，短儎三角。
	公安局船捐	每船一角或二角。
新彭省水利公署	護堰費船捐	空船一角，貨船二角。
巫溪	財建各科貨稅附加	照統捐徵收百分之十。
長壽	財建鹽所農會等抽收蓆厘	每捆徵七分二厘。
青神	教科柴捆捐	每捆五仙至一角。
樂山	團學柴捆捐	每捆五仙至一角。

七月

縣別	苛雜名目	稅率及徵額
會理	保哨護商捐	稅捐若干？未據呈報。
墊江	農會竹子捐	每捆一角至三角。
	石市民隊紙捐	就場徵收，每廠數元不等。
彭水	油業公會桐油捐	每桶徵洋二角。
重慶	市政府南岸市政管理處牲畜過道捐	每隻一二角不等。
彭水	團委會抽收船捐	每船七角五角三角不等。
宜賓	高場徵收商人過道貨捐	價值三千元，徵銀六元以上。
洪雅	高廟鄉炳靈鎮黃連捐	照買價收百分之三。
	又鹻秤捐	每百斤收團費一角。
	郁江高廟桃源等鄉火紙捐	每萬張收團費二角。
	又小紙捐	每挑收團費二仙。
	炳靈張村高廟等鄉土藥捐	每百斤收團費五角。
	三寓鎮竹麻捐	每百斤收團費五角。
	門戶冬防捐	上上戶每月五角。 中上戶每月二角。 中下戶每月一角。
重慶	市政府捲菸附加	徵百分之一五。
崇慶	元通場木捐	按本徵百分之三。
敘永	碉堡清鄉槍彈撫卹代丁被服等捐	由各鄉鎮公所自由攤派。
	公所辦事費民丁集中費挖濠費	由各鄉鎮公所自由攤派。
仁壽	酒捐附加	補助地方機關收費。
	糧票及驗契附加	補助地方機關收費。

縣別	苛雜名目	稅率及徵額
涪陵	財科榨菜捐	每罈徵洋一角。
冕寧	縣屬瀘沽區團鐵廠鐵版鐵鍋等捐	收數不一。
	城鄉各場四腳稅牲畜捐	收數不一。
	又油捐草紙捐公秤捐	收數不一。
	瀘沽登相營往來駝馬捐	年約收洋一萬二千餘元。
	縣城瀘沽兩處油茶鹽落地稅	年約收洋二三千元。
	團務契稅附加	年約收洋七八百元。
	夷務墾殖費	川康邊防軍就護商檢查兩處改辦。
	碾磑榨附加捐	收數不一。
	客商過關檢查費	稅額未據呈報。
	邊防軍二十三年開徵年豬稅	每隻收洋五角。
	豬毛捐	每隻徵銅洋二角。
	電桿費	邊防軍飭縣府向人民攤派。
	保商費	瀘沽稅局統收。
	城區及大橋防局木稅	年約二千餘元。
雅安	二十四軍豬毛捐	年約二千元。
	教科牲畜捐	年約二千五百元。
	建科建板木稅	年一百四十元。
	公安局稱稅油捐	年約一千五百元。
	又斗息捐駝捐	年約三千七百元。
	財科出口豬稅	年約一二百元。
郫縣	地方團警屠牛稅	年約五百餘元。
	又年息行捐青白糖捐	年五六百元。
	又豬牛牙行經紀票捐	年約一千餘元。
	又雞鴨炭料稱捐	年約七八百元。
雷波	大岩洞財科設立貨捐所抽過道貨捐	按本百分之一，至百分之三。
	夷委會屠宰稅	年約二百元。

八月

縣別	苛雜名目	稅率及徵額
安岳	周禮場徵收豬糖厘稅田畝捐房捐	收數不一。
	周禮場團防按糧附加團費	每糧一兩，徵洋一元。
馬邊	教科絲茶茡楛布蟲子斃牛牲畜等捐	年約二千餘元。
越嶲	護商墾殖等稅	不詳。
安縣	工廠碾磑碓捐	每戶徵洋一元。
廣漢	縣屬清江鎮團務設卡抽收船捐	每船二角三角不等。
萬縣	顏料紙業公會抽收過道渚石紙捐	每捆八仙。

縣別	苛雜名目	稅率及徵額
成都	市政府街溝捐票上黏貼印花	每票五分或一角。
長寧	建科絲車巴豆等捐	收數不一。
	商會笋子稱捐	年約百餘元。
	黨務紙礦麵粉房捐	年約四五百元。
瀘縣	城防雜捐	年約一萬六千餘元。
	團防隨糧附加	原每糧一兩徵洋十四元，現徵十二元四角一仙，比較減少二萬八千餘元。
	夫站費	年約二萬四千元。
	清共會糧契附加	年約三千七百餘元。
	國術館鴻仁醫院契稅附加	年約二千餘元。
	公安局棧房牌照妓女等捐	年約一千餘元。
	建科牙票捐	年約八百餘元。
納谿	財科小河船戶水腳捐	每船戶水腳一元，抽洋三角，年約一百四十四元。
	清共附加鹽斤捐	每鹽引一張，收洋三十五元，年約收三千七百餘元。
	剿赤義勇隊附加鹽觔捐	每鹽引一張，收洋三十五元，年約收七千四百元。

九月

縣別	苛雜名目	稅率及徵額
溫江	教科油蔴菸過道捐	每車徵洋一角五仙。
彭山	縣稅	每船一隻，徵洋一元七角。
屏山	區立小學在縣城河岸抽收碼頭捐	不詳。
資陽	團務就契稅附加	不詳。
鹽邊	護商保商豬毛油糖紙礦等捐	不詳。
廣元	徵收過道炭捐	每炭船一隻，收洋六角。

　　表列廢除之苛捐雜稅，乃各市縣呈報有案者，其他遵令撤銷未經具報各種苛雜名目，均不在內。所有撤銷之因有局所名稱，概略不贅。

七、營業稅

　　營業稅之徵收，始自民國二十年，中央為各省裁釐抵補計：頒布營業稅法，令各省切實遵辦。首先開辦

者，有江蘇、浙江、山東、湖北等省，成效甚著。其後
各省亦相繼舉辦。川省以頻年變亂，未遑計及。經令川
省迅速舉辦，先成立營業稅局于重慶，擇定四川地方稅
局之一部為該局辦公處所；一面擬定徵收章程；一面訓
練徵收人員及準備調查與徵收一切手續。其章程各點：

1. 稅率之規定：係按行業不分類，稅率不分級之單一
   稅制。凡公營業總收入額為課稅標準者，概徵千分
   之六；以營業資本額為課稅標準者，概徵千分之
   二十，蓋取其便利也。

2. 徵稅之時間：係採按月徵收制度。凡以營業總收入
   為課稅標之商號，一律領用循環單，依單雙各月填
   註營業收入額，以為課稅之標準。

3. 管理商人帳簿：營業稅法對于商人帳簿之管理，無
   明文規定。商人往往偽造帳簿，冀圖漏稅。故加以
   管理，以杜偽造。

　　以上三端，為川省營業稅徵收章程之特點，各省尚
無此先例。施行以來，尚覺順利。

八、整理債務

　　川省在防區制時，各軍均負有鉅額債務，而以
二十一軍為最。已經整理者，祗限于二十一軍；其他
各軍負債，多不可究詰，故無從整理。茲就二十一軍
言之：二十一軍所負債務（除預徵田賦外）分為「鈔
券」、「債券」、「借款」三項。其鈔券一項，另文敘
述。其債券、借款兩項，截至二十三年十二月底止，計
有公債庫券十種，借用債款十九種，共負債額為一萬

二千一百三十九萬九千五百八十五元。茲列表如左：

甲、債券（單位元）

債券名稱	硬性	軟性	共計
管理川東金融公債		3,500,000	3,500,000
二期整理川東金融公債		888,000	888,000
軍需債券		500,000	500,000
二期鹽稅庫券		3,200,000	3,200,000
印花煙酒庫券		3,099,380	3,099,380
田賦公債		12,000,000	12,000,000
統稅庫券	1,750,000		1,750,000
四期鹽稅庫券	6,000,000		6,000,000
剿赤公債		9,800,000	9,800,000
二期田賦公債		2,800,000	2,800,000
合計	7,750,000	35,787,380	43,537,380

硬性債券，按六折計數，化為軟性債券一二、九一六、六六一元，兩共軟性債務四八、七〇四、〇四一元。

乙、債款

債權人	硬性	軟性	共計
銀錢業聯合公庫	1,905,971		1,905,971
重慶銀錢業積鹽貨款		254,730	254,730
中國美豐聚興誠川康四銀行		44,000	44,000
中國美豐聚興誠川康四銀行	250,000		250,000
重慶市銀錢業兩幫	690,474		690,474
重慶銀行界		450,500	450,500
絲業公會	10,000		10,000
中國銀行	120,000		120,000
地方銀行準備庫	24,780,511		24,780,511
銀行公會	960,000		960,000
錢業公會	240,000		240,000
松記	60,774		60,774
地方銀行	575,940		575,940
申票	3,200,000		3,200,000
合記	2,000		2,000
義源	26,598		26,598

債權人	硬性	軟性	共計
銀行公會 錢業公會	643,000		643,000
美益財團	1,000,000		1,000,000
開發各部隊經臨費票據貼現抵押	8,693,538		8,693,538
合計	43,167,806	749,230	43,917,036

硬性按六折計數，化為軟性七一、九四六、三一四元，兩共軟性債務七二、六九五、五四四元。

總共債券、債款一萬二千一百三十九萬九千五百八十五元。

附註：所謂軟性，即當初發行時折扣售現；硬性即當初票面十足借進現款。

　　上列債券、債款兩項債務，于本年一月，由四川省政府發行四川金融公債一萬二千萬元，加以整理。除提出四千六百萬元，作為清償地方銀行債務，用以整理地鈔之外；其餘七千四百萬元，則為整理其餘債券、債款兩項債務之用。其整理辦法：係取軟性為基礎，對于軟性部份，即按金債票面十足抵償；硬性部份，則用金債按六折抵償，變為軟性（即債額一萬元升給公債一萬六千六百六十六元六角六分），金債已由川省基金保管委員會發出預約券性質無記名之臨時收據，將原發債券及原借撥換回，化零為整，以期結束。此項臨時收據，當即流通市場，已有公開行市。故對于原發債券原借債款之性質及用途，加以調查審核之後，即電商財政部，就金融公債七千四百萬元之數額，設法整理。

1. 二十四年四川善後公債之發行：財政部為整理川省

債務暨補助軍事善後建設之用，于本年七月一日發行二十四年四川善後公債，計票額國幣七千萬元，年息六厘。自發行日起，分九年清償：最初半年祇付利息；以後每半年還本一次（第一次還百分之二；第二次至第五次，各還百分之五；第六次至十一次，各還百分之六；第十二次至十七次，各還百分之七）。至民國三十三年六月三十日還清。指定以中央徵收四川部份鹽稅項下所撥補助金（第一年每月四十七萬元，第二年起，每月九十三萬元）為基金；並指定以四千萬元整理債務，以三千萬元交行營作善後建設之用。

2. 整理四川金融公債臨時收據之六折收換：川省發行整理四川金融公債乙萬二千萬元，整理以前債務。當時未經核准，未發行正式債票。故先如數發行臨時收據，內以票額四千六百萬元償還地方銀行債務，使其整理地鈔；其餘七千四百萬元，用以償還前述債券、債款兩項債務。此次整理川省債務，因地鈔已另案辦理。所有償還地方銀行債務部份之金債臨時收據四千六百萬元，經飭川省府轉飭地方銀行悉數繳存財政特派員公署，以備併案銷燬。其餘償還帳務部份之金債臨時收據七千四百萬元，委員長鑒于川省金融之不安及人民之痛苦，特准作六折以四川善後公債收換，飭由財政特派員公署遵照辦理。于是川省債務一案，始告結束。

以上僅就二十三年以前所負債務之整理情形而言。其在二十四年三月一日至六月底止期間，川省財政，係

由川省府統籌。彼時因稅收短絀，而額外支出又鉅。在
四個月間，負債三千萬元。自七月一日財政監理處成
立，遂著手另案清理。上年度川省田賦欠行二千萬元，
為一種可靠收入。如能催清，即可償還此債三分之二。
因與川省府商酌減除二千萬元，由省府自行催欠，負責
償還。其餘之一千一百五十萬元，由財政監理處發行同
額短期借款憑據，分期償還。其憑證以四川省二十四年
度預算收支相抵節餘經費為基金；復為便利撥付起見：
每月由禁煙收入按月支撥，月息一分。由二十四年十月
底開始還本付息，二十四個月還清。（其詳細辦法，有
民國二十四年清理四川省政府短期借款憑證及還本付息
表，均載附錄，可資參考。）

九、整理地方銀行鈔票

四川地方銀行，係二十三年一月成立；同時發行鈔
票，流通市面。是年八月一日，由四川善後督辦公署
另令成立四川地方銀行兌換券準備庫，由中國、聚興
誠……等九家銀行管理，專司發行保管事宜。行庫互
相獨立，不相統率。除保留輔幣券及成都券二種，仍
由該行自辦外；當將截至七月三十一日止發出之鈔票
五百六十三萬元，連同六成現金準備及四成保證準備，
一併交由準備庫接收。

準備庫接收後，因當時軍需浩繁，需款孔亟。于是
發行額繼續增加；且由二十一軍提借應用。以至準備
金缺短，因而限制兌現，地鈔幾成「命令紙幣」矣。
截至本年六月十四日止，其流通額達三千二百萬零零

三千二百六十三元四角，而準備金僅一百二十四萬
一千九百四十四元八角八分，等于發行額百分之三·
九八，遂致洋水上漲，申匯騰高。洋水最高時，為去
年十月三十一日，竟達一千六百二十九元，同時申匯
達一千六百四十元；至二十四年一月，申匯復漲至
一千六百九十八元之驚人數字！

　　中央為穩定四川金融，扶助一般事業，曾于本年六
月十日，實施整理地鈔，一面由財政特員公署會同中央
渝行接收鈔券及準備金；同時訂定地方銀行鈔票與中央
銀行之渝鈔同價行使作匯……等五項辦法，如次：

1. 地方銀行鈔票實施整理之期，以本年六月十五日
   為始。
2. 地方銀行鈔票，自實施整理之日起，應與中央銀行
   重慶地名鈔票，同樣行使；並由中央銀行在川各行，
   同價匯往上海、漢口，其匯價由中央銀行隨時酌定
   掛牌。
3. 凡在本省內一切公私交易以及完糧納稅，地鈔與中
   央銀行重慶地名鈔票，均同樣收受，不得歧視。
4. 地鈔仍由地方銀行照常兌現。
5. 中央銀行所發上海地名鈔票，均應按照國幣行使；
   遇有交納公私款項及完糧納稅，均應按國幣計算，
   一律收受；並由中央銀行在川各行平價匯往上海、
   漢口。

　　上項收支基金，由川省府與中央渝行商借二千三百
萬元，由財政部指定以川省印花菸酒稅全部及川省特稅
收入為擔保，月由上述二項稅收，撥付五十五萬元。同

時依上述第四項之規定：組織四川地方銀行兌換券兌換
處，逐日由中央銀行撥給現金，收兌地鈔。于是地鈔信
用，逐漸恢復；洋水申匯，均亦逐漸低落。

乃此項借款合同，終未成立，地鈔基金，既屬無
著；兌現亦加限制。于是洋水復漲，商人投機大作。致
中央渝行之賣匯，供不應求；又以借款未成，中央銀行
損失頗鉅，于七月底停匯地鈔。為貫澈整理政策起見：
乃于八月一日，以川省統稅及印花煙酒稅為基金，發行
整理四川金融庫券三千萬元，作為整理地鈔之用。庫券
按照票面九折發行，月息五厘，定為六十四個還清（自
發行之月起，至二十九年十一月三十日全數還清）。以
前項稅款，月撥五十五萬元，作償還之用。復以剿匪軍
事緊急，為安定後方人心起見：經與財政部商定，于九
月十日，由委員長發布收銷地鈔辦法六項：

1. 自九月十五日起，所有四川省內一切公私交易，均
   以代表國幣之中央本鈔為本位，地鈔即停止行使。

2. 凡持有地鈔之軍民人等，如以地鈔十元，掉換中央
   本鈔八元，無論面額大小，均照此推算。自九月
   二十日起，隨時向中央銀行重慶分行、成都分行、
   萬縣辦事處及中央銀行所委託之銀行錢莊，分別就
   地掉換，限于十一月二十日掉換完畢，逾期不換者
   作廢；所有以中央本鈔換回之地鈔，悉由中央渝行
   截角公開銷燬。

3. 在九月以十五日以後，二十日以前，其持有地鈔而
   尚未能換得中央本鈔以為交收者，准以地鈔十元，
   申合中央本鈔八元計算。

4. 在十一月二十日以前，各縣僻遠地方，國省各稅之徵收，凡持有地鈔而未能換得中央本鈔以為繳納者，准以地鈔十元，申合中央本鈔八元計算，由稅收機關向第二條指定各處所換為中央本鈔，再行解庫。

5. 依第三、第四兩條所定地鈔申合中央本鈔之計算標準，如有低價抑勒者，一經查明，概依軍法從嚴懲辦。

6. 四川市面所有之銀幣，其銀色重量與銀幣本位條例規定相合者，得以一元兌換中央本鈔一元行使；其餘雜幣，概照財政部所頒收兌雜色銀料簡則，各依其所含純銀實數，換給中央本鈔。

　　自上項辦法頒布後，持有地鈔者均踴躍兌換。預計限期屆滿，所有流通之地鈔，必可如數收銷矣。

貴州

一、田賦

　　黔省田賦，向係隨地派徵，並非按畝制賦。科則複雜：不惟甲縣與乙縣不同，即一縣中亦里甲互異。在民國初年，尚有九十萬元之額；但按年實收數，僅有七十餘萬元。而近數年來，即此七十餘萬元之數，亦收不及額。其原因：蓋一由各縣因兵災匪禍，人民逃亡，廢冊多有損失；即有廢冊之縣，亦多年未經清理撥冊，所有名額，亦多屬無著。本年以前時代，因急于籌款，將各年欠賦，責令各該縣富戶糧書區保抬墊，俟收獲賦，再行歸還。致愈形紊亂。

現二十四年田賦，業經委員長明令豁免。至黔省府整理以前欠賦辦法：係將民國七年至十七年欠賦豁免；十八年至二十二年欠賦，由各縣召集各抬墊人及各法團或伸耆開會決議：或免徵免還；或仍收作歸還抬墊人之用；抑或撥作辦理公益之用，呈由財政廳核辦。至二十三年欠賦，尚有尾欠七萬六千餘元，列入本年預算（除已經抬墊之縣，照前項辦法辦理外）。其未經抬墊之數，悉徵解省庫，以維預算。又應收欠賦，限于本年底完清，免徵三成滯納金。至二十五年元月起，再議加徵滯納金，以利催徵。

一面作根本解決辦法，先擇貴陽、定番一二縣試辦土地陳報，以為改革賦制張本，再行分期推行各縣；其治標辦法，則由財政廳擬定徵收田賦各項章則，呈准施行，以為救濟。

二、契稅

黔省契稅稅率，係買三典六；前清紅契，係買四典二。過去因兵匪迭乘，民力不勝，迭次減徵稅率為買四典二；前清紅契，為買三典一，以示體恤。實施後收入較旺。本年因籌集省銀行基金，恢復原率，自五月一日起，收入反較前減色。迨省政府改組後，鑒于人民甫遭赤禍，喘息未蘇，貴州省銀行既經停辦，前項辦法，于契稅收入，甚有妨礙。仍將稅率照減徵舊例辦理（自六月一日起，至十二月底止），以裕收入。惟減徵辦法，前者迭經施行。人民狃于故習，所謂「遇寬則慢」，故不能不限期稅清也。

　　又黔省稽徵契稅辦法，係實行領用官契紙，由置業人先行領用契書，使匿契不稅之弊，易于革除也。

　　所有黔省以前頒行之契稅簡章，施行細則，因迭次通令作局部之修改，原訂條文，多已失效。黔省府遵照財部令爰修正改訂契稅辦法案，擬訂徵收契稅暫行章程暨施行細則、典買不動產領用官契辦法，公布施行，以資整理。

三、菸酒營業牌照稅

　　黔省菸酒營業牌照稅及公賣費等項，因地方情形特殊，係依該省單行章則，自製牌照應用，稅率比較減輕。迭經財政部催其領用部定牌照，已由該省府派員領運到黔；一面將部頒章則，錄案公布，並通令各縣，自二十五年元月起，實行認真照章整理，以裕收入。

四、屠宰稅

　　黔省屠宰稅，以前係劃作教育專款。其徵收辦法，向係招商投票承徵。各縣不免有賄包或包多報少情事。自省府改組後，迭經通令整理，並派員調查。

　　各縣包徵制度，照財政部定案，應于二十四年度革除淨盡。第黔省各縣有歷史關係，環境不同，驟改綦難。故採取緩進程序：先將縣城改由縣府自徵，不准包徵；外區標徵事務，應絕對公開，嚴禁舞弊。並查照上年成案，詳酌訂定比額，令飭遵辦，收入頗有增加。

五、百貨省稅

黔省百貨省稅，其先本為百貨護商費，性質類于釐金（即商人販運各種貨物入省或出省，依其貨物之價值，按定率徵收幾分之幾之稅也）。省設餉捐總局，隸屬最高軍事機關，兼管特貨徵收事宜；各縣擇其適中地點，設餉捐分局；下設各檢查所，分司稽徵。本年五月份，更名特貨統稅局，改隸省政府管轄，一律仍舊。七月，歸併財政廳辦理，始認真整理，收數日有起色。

九月，委員長諭令：黔省原徵特貨通關稅，自十月份起，劃歸禁煙督察分處徵收。以後各統稅局對于特貨，雖可協同緝私；但非主管機關。故原設局所非關必要者，酌予裁併，以資整飭而免留難。計原設統稅局三十六，檢查所四百四十六。分別裁併為二十九局，二百七十九所，共減去七局一百六十七所，更名為省稅局所。至設有鹽務督銷局所地方，即責成各局長所長分別遵辦，不另開支經費，以資撙節。

關于徵稅標準，仍暫適用原有百貨產銷稅則。惟裁併之初，因時間迫促，所有保留裁併各所，是否適合？已由黔省府令飭各局議擬呈核；並調查貨品時價呈報，以便將原定稅則，集議修改，期合現性。現正由黔省府嚴定規章，督飭各局所認真稽徵，並通令各局調查全省營業經濟狀況，遵照部令舉辦合法稅捐。一俟調查整理就緒，即改徵營業稅，以符部章。

六、鹽稅

黔省銷售川鹽，前清時曾改辦官運，按年由川協濟

黔款六十餘萬兩。民國成立，川運破壞，協款無著。乃由黔省自行設局徵收。但徵收款額，歉旺不等。……自民國十七年採用「認岸辦法」，以後稅收，日見起色。旋因軍事發生，復設局自徵，致收數日漸短絀。乃恢復「認商制度」，每年共定認額為一百五十萬元。本年七月，「認商」限期屆滿，「新鹽法」尚未施行。乃仍舊繼續招商認岸，延期一年（定二十四年九月一日起，至二十五年八月底止），稅額仍為一百五十萬元，由省稅局代徵；並督飭緝私局認真稽查，整頓鹽案，切實維護。

賀國光註：此項辦法辦理五個月後，仍恢復協款，全年由中央就川省鹽稅項下撥助黔省經費洋一百五十萬元，按月平均攤付，自二十五年二月一日起實行。協款成立後，各岸認商，一律撤銷；悉聽人民自由販運；各稅局所亦不再收絲毫鹽附稅；其原設之各岸鹽務督銷局，悉行裁撤，由川鹽運使署恢復舊制，設立貴陽、獨山、銅仁、盤縣緝私局，黔省但負維持川鹽黔岸協助緝私之責。其一切辦法，由黔省府及川鹽運使署商訂之。

七、印花稅

　　黔省印花稅票，前此係由各縣局經售，往往採用「攤銷」辦法，以致人民誤認為苛雜之一。現在此項稅票，已遵中央規定，改由郵局代售；各縣政府專負宣傳檢查之責。關於宣傳一項：黔省府已嚴飭各縣政府，至少須派宣傳員四人，製給印證，分赴城鄉，將法令規定應貼印花各單據憑證及利害關係，……逐一說明，俾眾

週知；一面由學校黨部，協同勸導；並由各縣政府選派
得力人員，認真檢查。（遇有漏貼或貼不足數及揭下再
貼諸弊，由縣政府查明照章處罰。）以維稅收。

八、菸酒稅及捲菸特捐

　　黔省菸酒公賣稅及捲菸特捐，向係採用「招商承
徵」制度，由各徵收機關，招商投標，呈奉核准；給委
辦理。自二十四年度開始，為剔除中飽，增加稅收起
見：經規定縣城由徵收官署，自行經徵，切實整理，
務使消滴歸公；其餘各區收數較少者，仍舊標徵，以
便稽核而節開支。

第四章　關于建設事項

　　川、黔、康各省，政治初入軌道，百廢待興。建設尤關重要；第殘破之餘，民力凋敝。諸役並作，其何能勝？因就與剿匪軍事有關之公路，擇要修築。其餘簡易之建設事業，則責成各該省當局酌量辦理，均略而不述。本文所記，僅公路一項耳。

　　參謀團督修公路，先自四川起。最初實行民工兵工築路辦法，擬定四川剿匪公路建設計劃圖表，分兩期建築。並訂定民眾構築公路辦法、兵工協築公路辦法（載附錄），於二月十一日檢發四川剿匪總司令部、省政府，同時復製發剿匪部隊築路獎懲暫行辦法（載附錄），令各部遵照辦理。如限完竣。

　　所有築路總隊、石方工程隊、橋涵工程隊、壓路鋪路工程隊等，應需員工人數之配備，經由參謀團擬定築路隊組織表，令發各部遵辦，以資劃一。

其時薛岳部隊，已調駐黔西，後方連絡線過長，頗感困難！委員長極為關注。曾電詢國光：

　　……重慶經遵義至貴陽之公路，曾否構築？如現在趕築，若干日可以完成？對于薛部後方連絡改變，兄有何意見？即希籌劃電復！

國光遵即詳細查復：

　　……由瀘至納溪三十華里，公路已完成土路；由納至敘永約二百華里，尚未修築，且未測勘。均係石板大路，約三日行程。又重慶經遵義至貴陽之公路，除松貴段早已完成外；其自渝經綦江至松坎一

段，約三百七十餘華里，已測勘尚未修築。亦係石
板大道，約六日行程。……據川省公路局計算，該
兩路徵工修築，納敘約需四十四萬元，兩個月可完
成；渝松約需一百萬元，三個月可築成土路，四個
月全部完成。但經費尚無著。如川黔路由經委會按
九省公路例，補助百分之四十，尚易興工。現擬定
三月一日，對巴縣經綦江至酒店埡公路，先行開
工；並擬飭兵工協修，提早完成；另電黔省趕修酒
店埡至松坎之段（約十五里），則渝貴間即可全部
接通。又桐梓至赤水公路，大致築成，略加修補，
即可通車。薛部後方連絡線，此可改用川江，在該
兩路未完成前，可用輪率帆船運送，交通尚便。是
否有當？伏乞鈞裁。

又電王家烈、薛岳曰：

查川黔公路，為兩省交通要道，前經電飭趕築在
案。刻由重慶經綦江至酒店埡之線，正興工修築，
限期完成。由酒店埡至松坎一段，應由黔省趕築完
成；並同時修補自貴陽至松坎之公路，以便銜接。
其興築及修補情形，仍希隨時電告。

川黔公路開工後，由參謀團派員督工；並調江西省
公路處長胡嘉詔為參議，計劃一切。惟川陝公路因經費
困難，尚未著手進行。因于二月二十八日電呈委員長曰：

川黔、川陝兩公路，關係重要，均非提前修築不
可。現川黔路由重慶至川黔交界之酒店埡一段，長
一百六十二公里米。已于宥日由川省府徵集民工團
隊約千餘人，開工修築；本團亦已派四十七師駐渝

之一部前往協助。至酒店埡至松坎約十餘華里，亦已電請黔綏署、省府早日修築。至川陝路未成之綿廣段，川省公路局因避免棧道艱難，擬利用已成之成閬段，改築自閬中經廣元，北達川陝交界之七盤關，與陝省公路啣接。此路長約二百三十餘公里，尚未詳勘，現正催令提前勘測中。惟川境多山，工程頗大。按七省公路會議議決第六條：甲等路每公里需費七千九百元計算，上開兩路，約共需洋三百一十餘萬元。現川省府成立伊始，庫藏空虛。關于全省建設經費，尚在籌劃之中。此項公路，既須趕急完成。可否懇照七省公路會議議決第七條，轉電全國經濟委員會，提前撥借百分之四十，合洋一百二十萬元；其餘百分之六十，仍由川省府陸續籌措，以便趕修而免延誤之處，伏候裁示！

奉批：

所請撥借川黔川陝公路經費一百二十萬元，已電令全經會設法撥借矣。

當經函請四川省政府轉飭公路總局，將川黔路所需之橋樑涵洞及其他工程用品，……趕緊籌辦，限期修築；並將川陝路提前勘測具報。復請將所需經費百分之六十（合洋一百九十餘萬元），籌措齊全，以便趕修。

三月，委員長諭令湘、滇、甘、陝、川、黔各省軍政長官曰：

各省公路，關係剿匪交通，至為重要！各部隊應速協同地方政府民眾，努力修築，以便進剿而利民生。茲照南昌行營所頒軍工築路辦法，規定：各師

在駐地內每團每月須築十里之公路，路幅八米，每里修築費一百元，兼鋪砂石者二百元，于驗收後由本委長行營發給，希飭屬遵照！

各省公路，自經一再督促後，均先後動工。後由行營設立公路監理處，以曾養甫為處長，胡嘉詔副之，並延攬專門技術人員，從事計劃指導督促，以利進行。所有各路進行情形，分述如次：

1. 川黔路之渝貴段：自重慶經綦江、桐梓以達貴陽，于本年二月二十六日興工，至六月十五日通車，僅有一部份石方及橋涵，尚未照標準完成，現正積極設法完成中。惟川、黔兩省車輛缺乏，尚未正式營業；養路員工，亦未設立。在車輛未到、路局未正式成立養路組織以前，暫責由上官雲相督促沿線各縣負責隨時培修，以維交通。

2. 川陝路之綿廣段：自綿陽經梓潼、劍閣、昭化、廣元與陝境之寧羌路線銜接至陝省，由西安至寧羌間，已令該省興修，以便同時完功。川境于九月十六日興工。土工由各縣義務徵工，到工民眾十餘萬人，極為踴躍；石方則由各縣招工承包，已集萬餘人，陸續前往工作；橋涵亦係包工辦理。預計十一月底即可通車。

3. 川康路之雅康段：自雅安經瀘定、瓦斯溝以達西康省之康定。已調測量隊四隊，前往測量，十月內即可測畢。此段公路，沿線居民極稀，已決定由駐防部隊從事興修；由公路局派員指導並建築橋涵工程。

4. 川湘路：自川黔路之綦江縣起，經南川、彭水、酉

陽、秀山以達沅陵，已由川、湘兩省府轉飭公路局
組織測量隊，分段測勘；並限于十一月內著手興工，
十二月內全部興工。所有築路工程，仍照川陝辦法
辦理。

5. 川鄂路之渠利段：自渠接已成之成渠段，經大竹、
渠山、分水嶺、萬縣、龍駒壩接鄂省之利川。川省
境內，勘查已竣，正在進行測量。冬季農隙之時，
擬仍用義務徵工辦法辦理。鄂境利川至恩施經巴東
接漢、宜已成公路，亦正計劃興修中。

6. 川甘路之江碧段：自江油接已成之綿江段，經南壩、
青川接甘境之碧口，現正勘測中，確定後即行興工。

7. 川青路：此路計劃由灌縣（成都至灌縣段已成）經
汶川、茂縣、松潘以達青海，已令川省府俟以上各
路，略為佈置就緒，即派員勘測，計劃興築。

8. 川滇路之樂屏段：自樂山（即嘉定）接成、嘉已成
路，經五通橋、犍為以達屏山，此路係計劃路線，
尚未勘查。

以上所舉各路，均係川境之主要幹線（另附圖表于
後），其一切經費，係就四川善後公債項下指定一千萬
元。其估計用途如次：

			單位元
急需經費	一、建築費		單位元
		川陝	1,800,000
		川湘（約660公里）	3,300,000
		川鄂（渠分泰蓬，約250公里）	1,500,000
		共計	6,600,000
	二、整理及設備費		單位元
		整理舊路	200,000
		車輛費（福特車二百輛運雜各費在內）	482,000
		裝車費	63,000
		自用汽車二輛	6,000
		車庫車場建築費	50,0000
		車站建築費	10,000
		機件工具費	100,000
		各車站開辦費	10,000
		電話裝置費	50,000
		共計	971,000
	一、二兩項共計		7,571,000
可緩經費	建築費		單位元
		川甘	900,000
		川康	1,200,000
		川滇	1,980,000
	共計		4,080,000
前後總計			11,651,000

各路興工以後，因需款甚急。經由參謀團墊撥六十萬元，川省鹽務稽核所墊撥八萬元（渝鈔十萬元），財政監理處陸續撥付一百八十萬元。均交公路監理處支用。

9. 黔湘路：自鑪山接貴陽、鑪山已成線，經鎮遠、清溪、玉屏、鮎魚堡（湘黔分界處）、晃縣、沅陵、桃源，接長沙至桃源已成公路。桃源、沅陵間六月底通車；沅陵至黔邊，七月底通車；黔境鑪山經玉屏至湘邊，于四月開工，七月通車。嗣因施秉至鎮遠間之鵝翅膀、鎮雄關、文德關三處改線關係，通車稍緩。湘境亦正在鋪設石子路面。

10. 黔滇路：貴陽至黃菓樹間，係已成之路；黃菓樹經盤縣至平彝，係未成之路；平彝至昆明，為已成之路。其黃菓樹至盤縣，係限于雙十節前完成；盤縣至平彝，係限于十一月底以前完成。其經費則由行營按月補助。由軍民合作；限令黔、滇兩省府負責辦理，務于十一月底以前，全部通車。由公路監理處督促進行。

四川主要公路已未完成狀況表

路別		已完成者	未完成者
川黔路	段別	成都貴陽段	
	經過地名	自成都、簡陽、資陽、資中、內江、隆昌、榮昌、永川、璧山、重慶、綦江、松坎入貴州之桐梓、遵義、息烽達貴陽	
	全長	約 913 公里	
川陝線	段別	成都綿陽段	綿陽廣元段正在施工
	經過地名	自成都、新都、廣漢、德陽、羅江至綿陽	自綿陽、梓潼、劍閣、昭化、廣元至神宣驛與陝境接線
	全長	約 119 公里	約 240 公里
川康線	段別	成都雅安段	雅安康定段正在勘測
	經過地名	自成都、雙流、津新、邛峽至雅安	自雅安、滎經、泥頭、瀘定、康定
	全長	約 170 公里	至川邊約 212 公里
川湘線	段別		綦江秀山段正在測量
	經過地名		自川黔線上之綦江起經南川、彭水、黔江、酉陽、秀山
	全長		約 500 公里
川鄂線	段別	成都渠縣段	渠縣利川段正在測量
	經過地名	自成都、金堂、中江、射洪、太和鎮、遂寧、蓬溪、南充、廣安、渠縣	自渠縣、大竹、梁縣、萬縣與湘北之利川接線
	全長	約 343 公里	約 466 公里

路別		已完成者	未完成者
川甘線	段別	綿陽江油段	江油碧口段正在勘測
	經過地名	自川陝線上之綿陽起經彰明達江油	自江油、舊縣、青川達甘省之碧口接線
	全長	約 80 公里	
川青線	段別	成都灌縣段	灌縣松潘段正計劃中
	經過地名	成都起經郫縣達灌縣	自灌縣經汶川、茂縣、松潘與青海接線
	全長	約 55 公里	約 400 公里
川滇線	段別	新津樂山段	樂山屏山段正計劃中
	經過地名	自川康線上之新津起經彭山、眉山、夾江、樂山	自樂山經犍為、屏山與滇省接線
	全長	約 157 公里	約 286 公里

黔湘、黔滇路已未完成狀況表

路別		已完成者	未完成者
黔湘路	段別	貴陽晃縣段	
	經過地名	由貴陽起經龍里、貴定、馬坊坪、鑪山、黃平、施秉、鎮遠、青溪、玉屏抵湘省之晃縣	
	全長	675 華里	
黔滇路	段別	貴陽黃菓樹段	黃菓樹平彝段正修築中
	經過地名	由陽起經青鎮、平壩、安順、寧鎮達黃菓樹	由黃菓樹起經盤縣而至滇省之平彝
	全長	290 華里	425 華里

第五章　關于教育事項

　　教育步驟，貴在整齊。故前此行營對于各剿匪省份（除推行特種教育外），一切普通教育，仍責令秉承院令辦理。惟川黔教育，向極落後（川省重量不重質，黔省質量俱輕）。自應重加整理，期能適合部章，與各省齊頭並進。第中央距離川黔窵遠，鞭長莫及，督促指導，勢難兼顧。乃于不違反中央教育計劃原則之下，就近督促其整理；至于整理步驟，則仍由主管院部，直接指導，以免僨馳。茲就督促後整理情形，節述如次。

四川

一、高等教育

1. 調整各大學及工、農兩學之科系：川省共有大學三所，獨立學院二所。以院別而言：三大學中，均有中文學系、英文學系、教學系、物理系、化學系等，省立農科學院之外；重慶大學又有農學院之設。院系複雜，亟宜整理；惟方法尚待擬訂耳。

2. 整理私立專科以上學校：川省私立專科以上學校，共有十所，除華西協合大學外；其餘均未立案。已由四川省政府派員考查，勒令遵照規程，呈請立案；違者即予取締。

3. 留學教育：由四川省政府劃定留學經費數額；並規定獎學金額，以資鼓勵。

二、中等教育

1. 限制設立並整頓已設之普通中學：全川公、私立中學，共有二百一十九所，師範學校五十一所，職業學校，則僅一十八所，實為畸形發達！自二十四年度起，對于各縣、市添設公、私立中學，由省政府依照規程，嚴加考核；與規程不合者，一概不准添設。其已設學校，如經費不敷難期改善者：縣立者酌予裁併；私立者逕令停辦。又聯立中學：其經費尚能維持進行或有增加之可能者，促其改善，或單辦高中；如經費不敷勢難改進者，酌撥省款補助，改為省立高中。

2. 整理師範學校：川省師範學校，省立者七；聯立者三；縣立者二；簡易師範及鄉村師範學校，共凡三十餘所。皆辦理簡陋。亦經四川省政府分別整理取締。

3. 擴充職業學校：就省教育經費，分年增設各種高級職業學校；並飭各縣增籌經費，整理或增設初級職業學校，以期普遍。

4. 規定教職員之數額及俸給：川省中等學校教職員額數、俸給，向極參差，恆視經費之盈絀為轉移（同為六學級中學，有設職員十餘人者，有僅三數人者；同一中學教員，有月薪達三百元以上者，有不及三十元者）。教職員之勞逸報酬不均，生活亦不安定。每次開學以前，彼此爭競，互相傾扎，是以川人有「六臘戰爭」之稱焉。經川省府釐定各校教、職員數額及俸給等級，並嚴格取締「按鐘計薪」制，

盡量聘用「專任教員」後，此風稍煞。

5. 檢定中等學校教員：川省中等學校教員，向未舉行檢定。自二十四年起，始遵照規程，按期舉行檢定。而未經檢定合格之教員，從此不敢濫竽充數矣。

6. 推行軍訓及童訓：四川高中以上之軍事訓練，高小以上之童子訓練，自二十四年起，始一律實施，前此則甚為漠視也。

三、初等教育

1. 推廣小學教育：川省中學數量，連年激增。而相需之小學數量，未能比例俱進。經川省府通令各縣、市，儘可能容納範圍，寬籌小學教育經費，推廣小學教育；並力謀原有小學內容之充實，組織之健全。使與中等及高等教育，得平均發展。

2. 推行義務教育：川省義務教育，向極落後。經川省府令各縣、市組織義務教育委員會；並劃定「義務教育實驗區」，廣設「一年制」短期小學，切實推行義務教育。

3. 編纂鄉土教材：由川省府及各縣、市府，分別搜求關于鄉土各方面記載，（如史、地、物產、文獻……等，）由教育廳彙編成冊，作為小學補助教材及民眾學校教材；並先指定數小學試用，再謀推廣。

4. 輔助小學教員進修：由各縣、市組織縣、市及各學區初等教育研究會，研究各項初等教育改進問題；並舉辦暑期小學教員講習會，授以關于小學教育各種科目。

5. 厲行檢定小學教師及考成、保障等制度：由川省府
組織小學教員檢定委員會，實行檢定；並制定四川
小學教育人員獎章規程、小學校長任用及待遇規
程、小學教員任用及待遇規程、小學教育人員考績
規程等，確定其保障、考核、獎、懲之標準。

6. 增設幼稚園：川省幼稚園，向極缺乏。本年已逐漸
增加。其原定計劃：凡屬省、市、縣立師範學校，
均應附設幼稚園一所；完全小學，亦得附設一所；
其人口繁密地方，則單獨設立；以前原有之幼稚
園，則加以整理。

7. 改良私塾：責成各縣、市認真改良私塾，每年下學
期呈報改良私塾成績及私塾統計，以資整理。

四、社會教育

1. 廣設民眾教育館及培養民眾人才：川省各縣、市民
眾教育館，向極寥寥，本年在省會成立一所；並開辦
民眾教育人員訓練所，由各縣、市外送合格人員，入
所受訓，畢業後即分派各縣、市辦理民眾教育館及推
行其他民眾教育事項。預計在二十四年度內全省至少
須有二分之一以上縣市將民眾教育館籌劃成立。

2. 創辦省立圖書館：本年內組織省立圖書館籌備會，
著手籌備，期于二、三年內成立。

3. 興辦勞工教育：由各縣、市認真舉辦；並指定成、
渝、瀘、萬、嘉、敘、順、富、南充九處為「勞工
教育實驗區」，限兩年完成。

五、教育行政

1. 審查現任教育行政人員資格並實行考試任用：在二十四年度開始前三個月內，將現任教育行政人員資歷交付四川省政府公務員資格審查委員會詳加審查，由省府分別去留；並依照銓敘部修正普通考試教育行政人員考試條例，舉行考試。

2. 召集全省教育會議：由川省府擬定全省教育會議規程，自二十四年度起，每年度開始前三個月舉行一次。

3. 釐定公私立學校及文化團體補助標準：此項補助費，川省向有以省款或縣款補助之例，但無一定標準。經川省府釐定後，自二十四年度起實行。

六、教育經費

1. 教育經費之保管：川省教育經費移歸財政廳統籌辦理後，仍確定以關稅為教育專款；不足時，並指定契稅項下，如數撥助。計確定數目：

   二十四年度：1,800,000 元；

   二十五年度：2,700,000 元；

   二十六年度：3,600,000 元；

   至二十七年度以後，則應按照省教育經費，佔全省總收入百分十之比例撥付。省教育經費保管委員會成立後，常川派員守提存會，按期分發各校。其有原受省教育經費補助之各學校，照省府所定補助標準，重加核定。所有全省教育經費之收支，由委員會於每屆月終，列表公佈；各縣、市教育機關及學

校，自二十四年度起，按期詳細造報預、計、決算
等呈核；其核定之預、計、決算者，亦隨時公佈，
以期覈實。

2. 清理學產獎勵增加生產：各縣、市學產及其他教育經
費，自二十四年度起，由省府訂定辦法，製成詳細
分類表格，令各縣、市限期填報，以憑辦理；其有
各縣、市學產招佃手續，應即切實遵照學產投標競
佃辦法辦理，並須繪具學產圖說，呈報備查。關于
學產耕種事宜，訂定獎勵辦法，特許佃戶從事額外
開墾及種植（茶、桐、棕、菓……等）有用樹木，
以增加生產。

貴州

一、高等教育

1. 指定省外留學生學校及科系：黔省因限于財力人力，
向無大學之設立。高中畢業生之欲升學者，均負笈
外省，以往黔省府曾有國內各大學留學生省費補助
辦法之規定（賀國光註：此項補助費，積欠數載，
徒復虛名，並未照辦）。以資獎勵。但對于學校及
科系，則漫無限制。本年始經黔省府指定各大學，
並列舉私立大學中辦理成績卓著者為補助生肄業校；
同時並指定理、工、農、醫及教育等科系為補助生
選科之範圍。

2. 增設國外留學生省費名額：黔省向無國外留學生省
費名額之規定。自本年起，始增設三名。照國內各

大學省費補助生所規定選習之科系，由教育廳分年考送東西各國；經費由省供給。

二、中等教育

1. 集中課程鐘點屬行專任教授：黔省過去各中學職教員，多兼職兼課（每一教員，有兼課達三十六小時以上者）。黔省府先將貴陽之各省立中學校職教員俸額，分別規定（職薪按學校班次多寡以定等級；教薪每小時高中以一元八角計，初中以一元三角計），並通令貴陽各省立中學將課程鐘點集中，遵照部章規定每週授課時數，分聘專任教授（除校長及其他高級職員應遵章兼任義務鐘點外），力求減少兼任教員。職員則絕對禁止在外兼職，以專責成。

2. 更正各校名稱：黔省過去中等學校名稱，多與定章不符。黔省府于本年起遵照中學規程第三條第七條之規定，予以更正。

3. 整頓縣立私立中學：黔省各縣立私立中學，多辦理欠善，並未經遵章呈請立案者。經黔省府令飭各該中學擬具改進計劃呈核；並釐訂取締辦法，嚴令各該中學遵限補辦立案手續。逾期不遵行者，即否認其學生畢業資格，或勒令停辦。

4. 修繕校舍充實設備：黔省省立各校校舍，頗多坍塌破爛；關于理化儀器，生物標本及圖書……等各項設備，亦多殊缺不全，或陳舊不堪應用。經黔省府就校舍中最壞者，飭由該校估價開單編製臨時預算，呈經核定後撥款修理。至各校設備（除外縣之省立

中學，令由該中學區各縣分別籌繳設備費外），省
立中學，由教育廳組織省立中等學校儀器標本圖書
設計委員會，統籌辦理。所需修繕設備各費，均在
二十四年度教育經費臨時費項下動支。

5. 審定教職員資歷：黔省中學職教員資歷，向極濫雜，
漫無限制。驟行檢定，又感困難。黔省府為暫行救
濟起見：分別釐訂各省立中學校長任免及待遇暫行
辦法、中等學校教職員服務及待遇暫行規程，以資
限制。

6. 改進各校行政組織：黔省以往各校職員之設置，向
無定額，而組織系統，亦漫無標準；至經費之收支
與校務之實施，僅由校長一人負責，教職員少有參
與機會。經令飭遵照部章規定辦理；並令各校組織
經費稽核委員會及校務會議，俾全校職教員得以監督
校內經費之動支與參加校務之改進，實行教育公開。

7. 厲行教職員從事進修：本年夏，黔省利用暑假，選
派各校教職員分赴京、滬、川、漢、杭、平各國立
大學，參加暑期講習會；並飭各校自本年度起，組
織各科教學研究會，凡屬該科教材教法以及關于該科
學術上疑難問題，均須提出討論，以作深切之研究。

8. 劃一課程標準：黔省各中等學校各級教學科目及時
數，多未遵照部頒規程辦理，教學進度，未能一致；
學生程度，自屬參差。以致會考困難。已嚴飭各校
恪遵部章辦理矣。

9. 改進訓育實施：黔省以往各中學校，因受經費影響，
訓育精神，極為鬆懈。已飭各校學生，實行生活日

記，以便考查其言行思想。並釐訂貴州省中等學校訓育實施暫行辦法，于本年度開學後實行；一面督飭各校專任教員，共負訓育之責，以符訓教合一之旨。

10. 厲行軍事訓練：軍事訓練，黔省各校，向未舉辦，本年暑期，凡高中畢業生，均須集中受訓；並規定各高中學校，于本年度起，一律加授軍訓。

11. 擴充師範及職業教育：黔省師範教育，極不發達；職業教育，尤屬毫無基礎。黔省府擬于本年度在省會創設省立初級職業學校一所；並令天柱、黃平、獨山、大定各縣縣立初級中學，均須改辦初級職業學校。每年所需經費，由省款項下補助。

三、初等教育

1. 推行初步義務教育：義務教育，黔省向未舉辦。委員長曾令黔省以推行義務教育及苗民教育為中心工作。黔省擬在本年度內共設短期小學六百零二所，巡迴教師八十一人，分配各縣，以為義教初步之實施；同時並調查失學青年及學齡兒童，以為完成義務教育五年計劃之準備。

2. 設立義務教育實驗區：黔省府指定貴陽縣屬之第四區青岩為其義務教育實驗區；本年度內擬定全區共設短期小學九所，巡迴教師一人（除關于該區籌劃事項，由設計委員會負責辦理外），並另設督導員一人，負全區教育行政之責。

3. 推行苗民教育：黔省府為免除漢苗隔閡起見，將苗民教育，併入義務教育中統籌辦理。各短期小學

中，均予苗民以入學優先權；苗民較多之處，即單設一校或另設一班；荔波等六縣，各另設四年制小所，專收苗族學生。

4. 設立實驗小學：黔省原有第一小學（省立），辦理欠善。經將該校改辦省立實驗小學，以為全省小學教育改進之準備。

5. 改進師資：分下列三種：

　（1）培養師資：將省立師範學校及省立貴陽女子師範學校，各停招初中生，改辦簡易科；省立都勻中學、遵義中學各加辦師範科；安龍縣立初級中學加辦簡易師範科各一班；貴陽青岩另設鄉村師範學校一所，專收苗族學生，以為苗教師資之培育。

　（2）訓練師資：令各縣舉辦小學教師暑期講習會，並隨時責由督學巡迴指導各項教學方法；並由各縣組織小學教育研究會，所有小學教師，概應參加；距離遠者，並得組織分會。

　（3）甄審師資：先由各縣辦師資登記，再行檢定；並經黔省府釐訂各縣小學校長任用規定及小學校教員服務規程，對于校長教員任用之資歷，嚴加限制。

6. 改良私塾：令各縣舉辦塾師訓練班；並釐訂管理私塾暫行規程，令發各縣遵照改進。

7. 改進訓教：

　（1）統一教材。

　（2）改行分鐘制：黔省小學教授時間，向用鐘點制

度。自本年度起，先于省立實驗小學省立男女
師附小，實行改革。

（3）厲行勞作教學：嚴定勞作科師資，令各校
遵行。

（4）改行級任及科任制：過去黔省小學組織，多有
教務、訓育、事務各主任之設置，而教員又多
屬兼任。積習既久，驟改匪易。黔省府擬自本
年度起，先于省立實驗小學採用級任及科任教
員制，俟下年度，再普及全省。

（5）規定訓教標準：黔省府擬定小學訓教標準，飭
遵行。

四、社會教育

1. 籌辦省立社教機關：貴陽、安順兩處，各創設省立
民眾教育館一所。貴陽民眾教育館分總務、健康、
教學、講演、遊藝五部，安順民眾教育館分總務、
健康、講演、閱覽四部。並另闢貴陽公共體育場一
所，附轄于該館健康部。至省立貴陽圖書館之設
立，亦正在計劃中。

2. 整飭各縣社教機關：黔省社教機關在各縣者，僅興
仁、鰼水、修文等縣有公私立圖書館二十五所，定
番、興仁等縣，有通俗講演所十五所，平越、開
陽等縣，有民眾閱報室十四所，均簡陋不堪！黔省
府令定番、興仁兩縣，將原有之圖書館、通俗講演
所，合併擴充為縣立民眾教育館；並督飭各縣將裁
局改科改後節餘經費，移作社教開支。

3. 促進體育運動：黔省過去體育落後，委員長因令該
　省由教育廳召集黨政軍各機關代表，組織體育促進
　會，如實推行；另由教育廳委任體育指導員一人，
　負全省體育指導之責。

五、教育行政

1. 釐定省督學視察須知。
2. 規定省立各教育機關交代辦法。
3. 舉辦全省分區會考。
4. 舉行種競賽會。
5. 籌備科學館。

六、教育經費

1. 保障留學教育經費：黔省教育經費，指定屠稅專款，
　向由教育經費保管委員會統收統支。前此因受屠稅
　短收影響，致將每月應攤之留學補助費，挪作中等
　教育經費之用。本年經黔省府令飭保管委員會將每
　月教育經費收入項下所應攤得之補助費專款保存，
　由教育廳核飭發給。並規定省外留學生每名年給補
　助費二百元，分兩期發給。
2. 增加各中等學校經費：貴陽各省立中等學校經費，
　每年預算極少，教職員待遇，均甚低微。黔省府擬
　設法提高，預計各校經費，較上年度預算，須增加
　百分之四十至百分之五十。其設在貴陽之私立中學
　省款補助費，原定每年每班四百元；而設在外縣之
　各省立中學，每年每月僅由省款補助二百元。自本

年度起，私立中學補助費，每年每班增加二百元，各縣省立中學補助費，每年每班增加四百元，約均為六百元。各縣省立中學補助費，並擬逐年增加，以達到省款辦省校之目的。

3. 確定義務及苗民教育經費：黔省義務教育經費，除中央資助八萬元及中央二十四年度邊疆教育補助費八萬元內有義教經費三萬二千元外；並由該省自籌六萬元（七折實支），連同苗教經費，實支十萬元，共計二十五萬四千元。實驗區在本年度內預算，實支經費五千六百元，苗教經費，經委員命令撥專款十萬元；荔波……等縣所設之四年制苗民小學經費，在中央邊疆教育補助費項下提撥一萬八千元。

4. 清理學產：將各縣原有學產，詳加清理，並釐訂各縣學產管理實施辦法，令飭遵守。

5. 組織教費稽核委員會：由各縣政府召集教育科長、縣督學、學校校長及地方教育界代表組織之。

6. 編定預算：各縣每年度須編呈核定。

上述川、黔兩省教育，在二十四年內，有辦理完竣者；有正在進行中者；尚有在計劃中者。雖未能如期實行；然較之過去，皆有長足之進展矣。（至其條規，川省未據呈送；黔省已送各件，則悉載附錄。）

第六章　關于保安事項

一、團隊

四川

　　人盡知川省軍隊之多，甲于全國；而不知其團隊數量，亦遠過他省。川省辦理團練，遠在民初，因當時土匪猖獗，軍隊不能兼顧，人民迫于自衛，購槍練團。繼而內鬨時起，軍人利用團練以充實其作戰能力，並作收刮之工具。不得不給以威權，假以便利。故地方土劣，競辦團練，一方倚軍隊為護符，一方養匪勢以自重。是以川省軍閥之外，另有「團閥」之稱。團閥之大小不同：縣有保衛團團長，區有區長，鄉有鄉長，又有數縣聯團辦事處處長。但其權限之廣泛濫用，則無二致：區長鄉長均可任意徵稅；任意受理民刑訴訟及執行槍決。

　　語其數量：每縣所轄數十場鎮，各有常備壯丁（場小者數十名，大者百名以上），每縣常備團丁約數千人或萬人以上，全省約在四、五十萬以上。其經費多屬就地攤籌，計全省人民負擔，年約一千五百餘萬元；其浮收中飽之數，尚不能計。其為害殆更于軍隊土匪！川諺云：「兵如梳，匪如篦，團閥猶如刀刀剃。」即此可見一般。

　　此就一般情形言之也。其在二十一軍防區內團練，比較略有秩序。其編制分普通壯丁、精選壯丁、模範壯丁三種。普通壯丁係按戶出丁一人，以二十至四十人為小隊，四中隊至八中隊為一大隊，四大隊以上為一區

隊，各設隊長一人。由團正于每百戶中挑選十名至二十
名為精選壯丁，依上法同樣編制。由精選隊抽選，經三
月至六月之訓練，是為模範壯丁，大縣千名，中縣七百
名，小縣五百名。平時擔任游擊戍守之責。每六月更換
三分之二。頗類現行之更番退役辦法。至團務組織，
則如下表：

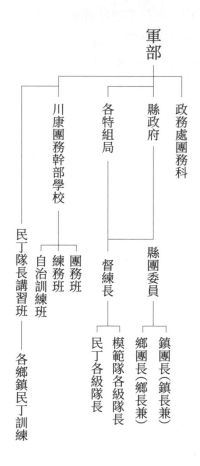

團務經費，在正糧項下加徵，年收兩次，以不超過兩年糧稅正額為限。惟各縣仍有任意加徵情形。每縣年收多者四十萬元，少亦十餘萬元。加徵之數，尚不在內。人民負擔過鉅，力不能勝。且其編組情形，亦與現制不合。為求整齊劃一及減輕人民負擔起見，均宜重加整理。

本年二月七日，經由參謀團函請劉湘將各省民團整理條例保安處組織通則、各省保安制度改進大綱于二月內，先行頒發各縣，著手準備。俟省府成立時，組織保安處，擬定分期進度方案，送由參謀團轉呈委員長核示，以附自衛之規模。劉湘于三月一日，正式就全省保安司令職，保安處亦同時成立。呈報備案。乃闡述整理保安團隊要旨及改進步驟，令劉湘曰：

> 查川省團隊，情形特殊，各縣槍枝，多者逾二萬以上，少者亦達二、三千支。似此槍枝之多，人數之眾，如能因勢利導，嚴加整頓，妥為管理。必能發生堅強之力量，鞏固自衛基礎；進而增進國家之實力，蔚成禦侮救國之勁旅。無如防區制久，各自為政；組織紛歧；名稱互異；指揮既不統一；訓練尤為乏缺；餉源多未確定，經費任意苛派；而官長人選及編制人數，尤復漫無標準。甚至一縣之內，各鎮各鄉，自為主宰；一村一姓，據為私有。把持操縱，勒索無度，形成零碎狀態，操于土劣掌握之中（對上則挾民力以脅持官吏，對下則仗官勢以壓迫人民），素有「團閥」之稱；轉為害民之具！尤以中隊以上管理之機關，僅有督練部、團委會，一則

組織簡單，一則事權不一，管理教育，兩俱難固。
且省、縣之間，上下隔閡，失所秉承，闕于督察。
雖間有特組局、山防局及聯團……等特種組織，以
謀救濟。究係臨時性質，又須因時因地而設，限
制較嚴，無補實際。凡此種種，均為不可掩飾之
事實。

但此種腐敗凌亂情形（不獨川省為然），在數年
前，其他各省，亦所難免。本委員長于督師豫鄂皖
三省及移駐江西剿匪時，鑒于此種情形，為謀各省
保安團隊改造完善，使其平時能執行憲兵警察之任
務，戰時作禦侮救國之干城；並進而為徵兵制之基
礎，退為良民之模範起見：曾頒布剿匪內各省民團
整理條例，首謀豫鄂皖三省內各縣一切民眾自衛之
組織；改正其名稱；劃一其編制；嚴定其統率；確
定其餉源；檢定其槍枝；淘汰其份子。使紊亂不堪
實質窳敗之團隊，開一實事求是逐步改進之途徑。
以後又由南昌行營制定各省保安制度改進大綱，以
期竿頭再進（使團隊能統一于省），均以達到「國
家管理，地方使用」為最高原則。其改進意義，及
進行方法與步驟，……並于頒發該項條例大綱之訓
令中，闡明綦詳。該項條例大綱，業由參謀團函
送該省政府查照辦理在案。辦理情形如何？尚未
據復。

現在國難方殷，匪焰正熾。該省團隊情形之複雜，
既如前述。爬梳整理，自屬刻不容緩。該省保安處
既已成立，職責所在，尤應急起直追。仰即按照整

理民團條例及改進大綱之規定，督飭各縣，切實辦
理。求力數量減少，而其多寡分配之標準：應

（一）視各該縣之負擔力如何；

（二）視各該縣之匪情如何；

（三）視各該縣原有槍支情形如何；

以為斷。並須限期責以進度，分區派員督促，以期
各縣同步共趨，一致改進。望于最短期間，妥擬
分期實施方案，呈候核示後，即連同各章則印訂成
冊，分發各區縣依限逐步確實完成。並嚴告各級負
責人員，嗣後即以保安、保甲兩項，為各該員考績
之標準。是所厚望！

前令係三月二十六日印發，至四月以後，尚未據呈
復。乃于四月十八日再令劉湘曰：

查該省保安團隊，名號繁雜，組織紛歧，餉源多未
確定，經費任意攤派，訓馭不一，運用失靈；甚至
土劣從中把持，槍械轉以資寇。始于自衛，終于自
累（雖各縣不必盡然，而如此者實居多數），徵諸
已往，深用怵然！本行營參謀團于到渝之初，為謀
該省保安團隊澈底改造完善（使其平時能執行憲兵
警察之任務，戰時作禦侮救國之干城，並進而為徵
兵制之基礎，退而為良民之模範）起見：曾將豫鄂
皖三省總部頒布之各省民團整理條例及南昌行營頒
布之各省保安制度改進大綱，一併函送該省政府查
照辦理在案。該項大綱條例之改進意義及進行方法
與步驟，已于頒發該項條例大綱之訓令中，分別闡
明，頗為詳盡。

現在國難未已，匪焰甚熾。該省保安團隊之應急于
整理，自屬刻不容緩。加以該省保安處早經成立，
各區保安司令亦將分別就職。職責所在，自應急起
直追。仰即督飭依照整理條例及改進大綱之規定，
切實整理，妥為編配。其編配標準：必須視各縣負
擔能力、匪情狀況、槍支數目而定。並須分別期
限，責以進度，以便同步共趨，循序漸進。關于分
期進度辦法，應由該兼司令依據法令規定，斟酌實
際情形，參分三期辦理。所有各保安團隊之名稱、
編制、指揮、訓練、經理等項，務須于第一期統一
于縣，第二期統一于區，第三期統一于省。至每
期共需時日若干？應如何分別緩急？步步邁進？
希迅擬詳細辦法，呈候核定。事關要政，切勿遲
延，為要！

　　旋據劉湘擬呈保安處組織規程、保安處服務細則暨
暫行編制表等項。經詳加審核，令其遵照修正。六月
三十日，劉湘復擬呈二十四年度保安實施方案前來，
並據呈稱：

竊維保安制度，體大思精，應事勢之急求，謀團隊
之改善，平時資為憲、警之用，戰時更獲徵兵之
益，衛國保鄉，莫要于是。川省保安處成立以來，
先後接奉鈞令，並奉頒各項條例，指示辦法極詳。
循塗有資，推行愈利。惟念布新除舊，原貴因地因
時；至于著手先後，尤宜妥分步驟。因即本此意
義，計劃實施。謹分析詳陳如次：

一曰：編組——川省各地舊有民團，以成都、重

慶、萬縣三市及各單獨辦理或聯合辦理之山防、峽
防、江防等各特組團隊，較為整齊。自餘各處，或
人槍多寡不同，或名稱性質有別，均不足語于健
全。復有地處偏避，餉械俱無，向只適用門戶練，
並未組設常練者。此次從事整理：一則利用現成
組織，使初步較易為功；一在普及保安制度，使風
氣翕然丕變；尤先淘汰不良份子，挑留土著良民，
認為根本急先之圖，不能稍涉遷就。至于壯丁隊與
鏟共義勇隊，其人選均出于保甲。川省保甲制度，
正由民政廳從事編查；一俟編查完竣，應即分別督
促，進行編組，用昭竅實。

二曰：訓練──更番訓練團隊，確立徵兵基礎，固
為最要目的。入手之初，養成基幹人才，尤于保安
前途，關緊甚鉅。伏讀南昌行營保安會議錄刊述委
員長訓詞有云：「組織訓練民眾，應由小而大，逐
步推進，不在求速求多」。至理名言，足資法守。
川省地廣人稠，無慮取材不富；但忌重量輕質，多
而不精。故編組切戒浮濫，訓練尤重效能。必須
第一期訓練完成，確可作地方之骨幹，為群眾之先
驅。由此番休迭進，自更取精用宏。

三曰：經費──從前辦團抽捐，土劣因以為利，病
民肥己，比比皆然。當此更始之際，由縣而區而
省，均按照奉頒財政整理章程切實整理，自無慮土
劣染指，積弊難除。惟查川省前因政出多門，各別
籌收團費，名目異常紛歧（不但細刮龜毛，雖極貧
不能倖免；抑且術穹犀燭，若亂麻不易爬梳）。欲

謀民眾負擔之公平與徵收手續之便利。又非將從
前重重苛雜團捐，一概廢止，從新另籌整個保安
經費；終無由大蘇疾苦，廓清弊源。茲擬就各縣糧
額，附徵一年，益以地方稅局補助江、巴、璧、合
峽防團隊之款。雖量入為出，臨近數米為炊。只因
費出于民，而川民又久受苛派雜捐之苦，不得不力
謀負擔輕減，俾蘇喘息。查保安經費，隨糧附加，
各省大概相同。即就川省此次豁免新籌，兩相比
較，實則豁免之款，遠過于新籌之數。更無慮人民
誤解，難利遵循。

當此時局方艱，匪氣未戢。非集合民眾力量，無以
禦侮清鄉；非實行保安制度，尤無以拔除舊習，
濬發新機。川省團隊過去之情形，本不適于現代政
治。澈底改造，洵為急圖。不過按程赴的，勢難
一蹴以蹐。爰將改進情形，分為三種階段。（擬
自二十四年七月一日起，至九月三十日止，統一
于縣；自二十四年十月一日起，至二十五年三月
三十一日止，統一于區；二十五年四月一日起，至
六月三十日止，統一于省。）用期循序以進，計日
圖成。所有擬定二十四年度保安實施方案緣由，
理合具文連同保安實施方案，呈請鈞鑒，俯賜核
示祗遵！

經核所擬之二十四年保安實施方案，尚有應重加審
議之處。乃于七月二十六日。令曰：

呈暨方案均悉。查所擬有未盡適當之處，茲分別條
列指示如次：

一、查該省糧額本輕，以過去株求無度（動輒歲十餘徵），致為人民怨惡。亟應由財政主管機關，迅即釐定每年正供定額，俾各縣保安經費，依正供之百分率定之；力避「附加一年」字樣；以正人民視聽。即一時不易釐定，而保安經費加徵田賦一年者。亦祗能作為省府對于各縣徵收團款之限制標準，規定歸縣庫負擔；尤宜于通令時聲敘明析，劃清省縣界限，以保該省政府前令「一年四徵」之威信。

二、全省暫定三百八十四中隊，以為總額，未始不可；但各縣隊額之分配，祗以糧額附加為標準，並未計及地方防務需要之實情。殊欠妥當！例如：久經匪患之收復區，糧稅已分別減免；而地方之治安及清鄉善後，則需要保安團隊，至為迫切；其餘鄰匪區，亦同此感。故各保安區隊數之編配，應就此然重加考慮，酌盈劑虛。或令各專員兼保安司令得視所轄各縣防務之需要，將甲縣之保安隊，調防乙縣；或暫歸乙縣縣長指揮之。應分別改正，再行呈核。

三、成、渝、萬三處，已略具現代都市之型態。應極力縮減團費，改辦正式之警察，以維治安。

以上三項，為保安基礎攸關，應迅速詳密規劃。餘就所擬方案中，應予改正補充之處，逐條指示之如次：

一、「名稱」「一」項下「保安司令部」下「其區域」三字應刪；「二」項「某縣保安隊」上，仍應

冠以區名，以明統系。

一、「編制」「三」項小註「候保甲制度」，「制度」二字宜刪。

一、「指揮」「系統」查民團整理條例第四條雖定全省保安處長為一省最高之指揮官；然各省保安制度改進大綱第十四條規定指揮系統，已無保安處長一級。本項「全省保安司令」下「保安處處長」五字宜刪。因保安處組織通則第十條（保安處對各機關行文，均以全省保安司令名義行之；但遇有必要時，保安處長對于各區保安司令，得逕用公函，直接商辦，以期迅速）規定甚明。故保安處長不能有指揮權也。又壯丁總隊長係縣長兼任，不應列于「保安總『大』隊長」之下，應另列，與保安總「大」隊長平行。

一、「徵集」「三」保安隊隊兵「丑」項，應改為：「丑、保安隊隊兵，現役期為一年半，期滿退伍，仍編入壯丁隊；但自願延長者，得延長至三年。前項退伍之保安隊兵，併應受預備役之召集。」查保安隊缺額，既就壯丁徵集。故應參照本年二月公布之保安團隊隊兵退伍規則草案之規定如右。

「四」壯丁隊「在本縣居住二年以上」九字，應刪。「至免役緩役辦法」下，應改為：「遵照民團整理條例徵集實行規則草案第十七條之規定辦理」。因各縣住民，無論定居土著，均應有編入壯丁隊之義務。故不應限制居住二年以上。至保安團隊徵集實施規則草案第十七條，對緩役規定較詳，

故應參酌辦理。

一、「訓練」「一」幹部訓練「寅」應改為「寅、訓練課目，遵照各省保安制度改進大綱第十七條第一、第二兩項之規定，擬定如左：甲、政治訓練。一……二……」。因本項列舉各課目，既全照十七條一、二兩項之規定，即應刪「參酌本省情形」等字。

「二」班長訓練「子」「丑」項，該方案規定：各縣保安隊三個月統一于縣，六個月統一于區。而班長訓練期間，竟延長至一年之久。不特妨害區統一時之全部教育，抑亦多耗經費。應酌改為兩次訓練完畢，每次名額，以各區所屬中隊之班長半數為標準。此兩項應另修正。「寅」「訓練課目」下，應改為：「參照上列幹部訓練班課目，並依照各省保安制度改進大綱第十七條第三第四兩項之規定行之」。以下課目，勿庸另舉。

「三」「隊兵訓練」下，應改為：「隊兵就隊內訓練，其課目參照幹部訓練班課目，及依各省保安制度改進大綱第十七條第三四兩行規定行之。並得各就當地情形，酌加生產教育及識字教育」。原列課目可全刪。因既上文規定，即可不再列舉。

「四」壯丁訓練：訓練壯丁，應先從訓練各級幹部入手，次取層遞訓練方法，普通訓練壯丁，乃能確收實效。查本條對于壯丁幹部訓練，未加規定，應另行妥為修正。

一、經費：查省區保安經費經理處稽核委員會之組

織及辦事規程，以及其他依民團整理條例各省保
安制度改進大綱之規定，應由省制定施行之各項細
則，仰即擬定呈送查核。

收支預算「子」各特組團務局所屬團隊，既分別改
編為區直屬保安隊，則其人事、經理各項，仍應由
區保安司令監督考核，以清積弊而重系統。「丑」
支出預算表，將教育、衛生等項經費，列入經常
門，尚無不合；惟臨時費之開支，應責各區專員，
切實監督，核實報銷。再所定各級官兵薪餉給予表
與保安制度改進大綱第二十一條（照陸軍餉章減成
發給）之規定不符。姑念地方困難，暫准照辦。俟
經費由區或由省統籌時，應力籌增加，以符功令而
維官兵生活。

又查建築碉堡，應徵工徵料為之。迭有明令禁止
在地方籌款。壯丁隊或剿共義勇隊在必要時之給
養，應由保安經費項下酌予支給（民團整理條例
第二十八條），均無庸在保安經費內籌給，合併
飭知！

一、保安隊編制隊數表：查西陽及劍閣為專員駐在
地；且經匪患或鄰匪區。至少必須設二中隊，成立
乙種大隊，寧可減少本區內他縣之隊數或減少他區
之隊數以成之。本表「說明」欄之「2」項應刪。
餘已于第一條指示。

以上各條，仰即遵照修正；並迅速將全案悉心規
劃，爰為改訂，呈候核奪。

十月十九日，劉湘呈賚修正保安實施方案暨保安隊壯

丁隊各項訓練計劃，及各項規程、細則等項前來，據稱：

> ……茲謹遵照鈞座指示各點，分別辦理，令飭遵行。其經費一項，因隨糧附徵，免除苛擾，大多數均稱便利。惟現在實施已逾多日，仰懇准予暫緩釐定，用免紛更。雖尚有少數懷疑，亟應劃清省縣界限，切實聲敘，俾均釋然。至于保安隊額，本府規定之初，本注意于地方防務之需要。而于久經匪患之收復區及鄰匪區，其情形特殊，亦經慮及。緣念推行新制，首雖將固有民團，從事整理。是時各縣地方堪以編用之民團若干？應待補充之隊數若干？因幅員遼闊，查報需時；復有縣區甫經收復，官吏尚未到任，愈苦真實情形，不易瞭然。而川省過去團務，利少弊多。除舊布新，勢亦萬難再緩。自不得不先就各該縣必需之隊額，酌量示以標準，俾資整頓而利循持。所幸由縣統一，係屬初步；轉瞬統一于區，固當體察盈虛，再為酌劑。是以本府遵令修正，特歸重于各區司令。綜合全區自衛力量，充分運用；必要時並可呈候本府酌撥他區之團隊，協助防剿，用臻周密。總期移緩就急，克濟需求，于原額無大變更，仍勉可維持預算，循途以赴，較少困難。
>
> 至成、渝、萬三市，業經飭令各該市長，一方查明固有團費，力謀縮減；一面遵辦正式警察。自貢地方，為川省最大鹽場。從前未設公安局。現奉鈞座治字第一二七五號指令，垂示周詳。已遵將自貢警察，委託鹽運使署合併辦理。用期事歸實際，款不

空廩。並經商請鹽運使就近籌擬合併辦法，容另案
會呈鈞核。

此外應就原擬方案分別改正補充之處，復經恪遵鈞
令，悉心規劃。計遵令修訂二十四年度施政綱要
保安實施方案一份，擬訂保安隊訓練總計劃案，全
省壯丁訓練實施計劃草案，壯丁幹部訓練班組織大
綱，民團整理條例施行細則，並全省保安經費總經
理處及區經理處組織規程，辦事細則，全省保安經
費稽核委員會及區稽核委員會組織規程，辦事細則
各一份（除關于保安制度改進大綱施行細則之擬
訂，因區省逐步統一，暨最後由國家管理，均當有
詳晰辦法，用利實施，事體重大，尤責力求允愜。
刻正悉心妥擬。一俟擬就，再行專案呈核外），所
有修行保安實施方案及先行擬訂之各項計劃規程，
理合恭錄成冊，具文賫呈鑒核！是否有當？伏乞指
令祇遵！

再查此次修訂方案第七款乙項子目收入項下，列有
四川地方稅局額撥保安經費六萬元。此款原係撥補
保安經費整個收入，並非專供特組團隊之用。自應
列入本年度保安經費收入項下。合併陳明。

復經加以指示，令曰：

呈暨附件均悉。所呈關于保安壯丁各項方案計劃規
則，茲分別核示條列如左：

一、修訂之保安實施方案，雖係遵照本行營治字
　　第六七八號指令修改；但仍有應行刪改之處：
　　如「二」項名稱丁款應刪。因此款不惟原令所

無;且與後「三」項之丙款重複。又「三」項
丙款文內引用未經核准之民團整理條例施行細
則,亦有未合!應改為:「其編制以保為單位;
每保成一小隊;次由保長聯合辦公處,以各小
隊編成一聯隊;全區合各聯隊編成一區隊;全
縣各區隊編成一總隊。」其餘尚無不合。

二、所擬四川省民團整理條例施行細則,因「民
團」二字,已隨保安制度改進大綱之頒布,成
為過去名詞,處今日情形,殊無再專訂民團整
理條例施行細則之必要。且該細則第十五條所
定「緩設保安團」,第十八條所定「改編之始
委任隊附辦法」等,均為一時權宜辦法。而第
十八條所列各項,……係專案呈准者,亦不宜
列入細則。關于此項人事,應由該省核定任免
調補細則及服務規則,呈本行營備案。至第廿
八、九兩條所列「旗式服裝」,均有規定,亦
不待重列。

惟所擬細則內,尚有可予採擇以供補充之處。
姑准加入保安實施方案中,俾益加完備。如第
六條關于保安隊編整期限,可附入方案「三」
項「編制門『乙』款」之後;第七條壯丁編整
期限,可附上項「編制門『丙』款」之後;第
十三條所列不設大隊之縣,可附上門「乙」款
說明「二」之後;第三十七、九兩條,關于經
費,均可酌量增入「七」項「經費門」內;第
四十三、四兩條,關于指揮任務者,均可酌附

「四」項「指揮門」內；第五十三條，係就該
省現狀，規定壯丁編法，……亦可附于「三」
項「編制門『丙』款」之後。

三、茲將保安實施方案，及四川民團整理條例施
行細則，一併發還。應即按照前二項指示各
節，……分別增刪修改，繕正呈備查核；仍飭
主管處迅速補訂關于人事各規則，呈報備案。

四、其餘保安隊訓練總計劃案，壯丁隊訓練實施計
劃，幹部訓練班組織大綱，及經理稽核處會各
規程、細則等，應俟另案核示。

以上各項，合亟令仰該兼司令遵照！

所有各項計劃條規……等，均經劉湘分別擬訂或修
正，呈報備查。至其實施之內容，均係按照核定之保安
實施方案辦理，附錄于左，以供參考（其餘各項計劃條
規……等，則悉載附錄）。

四川省二十四年度保安實施方案

一、目的：遵照保安制度改進大綱之規定，由縣而區
而省，循序漸進，以期達到國家管理之最高原則
為目的。

二、名稱：先將全省各區縣保安機與團隊之名稱統一；
其辦法如左：

甲、各區保安機關，定名為「四川省第幾區保安司
令部」；以行政督察專員所轄之區域為區域。

乙、各縣保安機關，一律改稱「四川省某區某縣保
安隊總隊部」或「大隊部」；至各縣應設何種

隊部？係照本方案編制表規定。

丙、各縣單獨辦理或聯合辦理之山防、峽防、華
　防、江防、特組各局，依其所在區域，改稱為
　「四川省某區保安隊獨立第幾大隊」或「第幾
　中隊」，下隸于各該管區保安司令部。

三、編制：

甲、區保安司令部之編制：遵照保安制度改進大綱
　第十條之規定，由行政督察專員公署組織條例
　內規定之。

乙、各縣保安隊之編制：遵照保安制度改進大綱第
　五條特規定之標準，分左列各種：
　甲種保安總隊部，轄九中隊以上；
　乙種保安總隊部，轄六中隊以上至不足九中隊；
　甲種保安大隊部，轄四中隊以上至不足六中隊；
　乙種保安大隊部，轄二中隊以上至不足四中隊。
　前項保安隊之改編整理期限，分為三個時期：
　第一期統一于縣，擬定時間三個月（自二十四
　年七月一日起，至九月末日止）。第二期統一
　于區，擬定時間六個月（自十月一日起，至
　二十五年三月末日止）。以後為第三期，統一
　于省時期。

（說明一）各縣應設總隊部或大隊部及中隊數，如後
　　　　　附編制隊數表；其總隊部及大隊部與中隊
　　　　　部之編制，均如附表。

（說明二）各縣應設中隊數，雖如編制表之規定；但
　　　　　各縣如因維持治安及剿匪清鄉……等事，

　　　其保安隊如感不敷，必要時得由該管區保
　　　安司令視其防務需要，將甲縣之保安隊調
　　　防乙縣，或令暫歸乙縣縣長之指揮。

（說明三）不足二中隊之縣，應不設大隊部，即由縣
　　　長直接統馭指揮。

　　丙、壯丁隊或剿共義勇隊之編制：其編製以保為單
　　　位，每保成一小隊；次由保長聯合辦公處以各
　　　小隊編成一聯隊；全區合各聯隊編成一區隊；
　　　全縣合各區隊編成一總隊。

　前項壯丁隊或剿共義勇隊之編組整理期限，分為
兩個時期：第一期為標準期，擬定時間五個月（自
二十四年七月一日起，至十一月末日止）。第二
期為實行期，擬定時間七個月（自十二月一日起，
至二十四年度終了編整完成）。其新收復而秩序
尚未恢復或緊接匪區之各縣，保甲尚未開辦，或
組織尚未健全時，剿共義勇隊之編組，應依下列
之方法辦理。

　　（一）全縣以縣城為中心，將城區壯丁，先行
　　　　編組，逐漸向外擴張。

　　（二）收復地區，應以軍隊或團隊駐地為核
　　　　心，藉軍隊團隊之掩護，逐漸向外擴
　　　　張，以與他區聯為一氣。

　　（三）應軍事交通之需要，當以交通道路為幹
　　　　線，先將幹道上之壯丁編組完善，逐漸
　　　　向兩旁發展。

　　（四）如鄰縣或鄰區壯丁編組已健全，應以鄰

縣或鄰區邊境為起點，連續擴張。

四、指揮：

其統系如左：

前表所列之各級保安隊，應負全責聯絡壯丁隊或剿共義勇隊努力清剿境內零匪；對于邊境之匪，並應不分畛域，與鄰縣會商聯防會哨協剿各辦法，……切實辦理，不得推諉。

五、徵集：

甲、省保安團暫緩編制。

乙、區直屬保安隊獨立大隊（或中隊）隊兵，先就各特組團隊（如山防、峽防、華防、江防等）汰弱留強，縮減編制；其成都、重慶、萬縣三處，已具都市之形態，所有舊日特組團隊，均應裁撤，改辦正式警察。

丙、保安隊隊兵

子、保安隊隊兵（除就現有團隊淘汰不良份子外），就本地之壯丁隊中徵集補充之。

丑、保安隊隊兵，現役期為一年半，期滿退伍，仍編入壯丁隊；但自願延長者，得延長至三年。

前項退伍之保安隊隊兵，併應受預備役之召集。

寅、保安隊隊兵缺額，及自改編之日起，每六個月將舊有隊兵退伍三分之一所有遺額，均于壯丁隊中徵集補充之。

丁、壯丁隊（剿共義勇隊）

全省男子，凡年滿十八歲以上，四十五歲以下，身體健全者，均有編入該縣壯丁隊服役之義務；至免役緩役辦法，遵照民團整理條例

第二十二條並參酌保安團隊徵集實規則草案第
十七條之規定辦理。

六、訓練

保安隊

甲、保安隊幹部訓練：

子、全省幹部訓練，由省保安處開辦幹部訓練
班，分期辦理之。

丑、每期學員名額，暫定六百名至八百名。

寅、訓練課目，遵照各省保安制度改進大綱
中第十七條第一、第二兩項之規定，擬
定如左：

（一）政治訓練：

公民常識（中國歷史地理摘要及國民對國
家社會之責任與其盡應之義務）

黨義

赤匪罪惡

民眾自衛組織綱要

農村建設概要

新生活運動綱要及新生活須知

國恥痛史

軍人千字課

其他

（二）軍事訓練：

術科：

技科（國術刺槍體操）

射擊（預行演習實彈射擊）

制式教練

戰鬥教練

警戒勤務

防空防毒臨時要務之演習

行軍

夜間教育

工作實施（除一般作業外；並練習碉寨之構築）

其他

學科：

步兵操典摘要

野外勤務摘要

射擊教範摘要

工作教範摘要

坑道作業實施

陸軍禮節摘要

防空防毒教範

軍隊內務條例摘要

體操教範摘要

軍警懲罰法令摘要

衛生摘要

步兵夜間教育摘要

　　　　游擊戰術

　　　　軍語釋要

　　　　旗語

　　　　偵探學

　　　　通信連絡

　　　　自衛新知摘要

　　　　練兵實紀與紀效新書摘要

　　　　警察服務須知與憲兵服務須知

　　　　其他

乙、保安隊班長訓練

　　子、各區班長訓練，由區保安司令部開辦班長訓練班，分兩期辦理，每期訓練時三個月。

　　丑、每期學兵名額，以各區所屬中隊班長額之半數為標準。

　　寅、訓練課目，參照上列幹部訓練班課目並依照各省保安制度改進大綱第十七條第三、第四兩項之規定行之。

丙、保安隊隊兵訓練：

　　隊兵就隊內訓練，其課目參照幹部訓練班課目及依照各省保安制度改進大綱第十七條第三、第四兩項之規定行之；並得各就當地情形，酌加生產教育及識字教育。

丁、保安隊之幹部及班長隊兵諸訓練：

　　凡關于政治訓練事項，由保安處政訓主任辦公室及各區訓練員辦公室分別主持辦理之。

壯丁隊

　　甲、壯丁隊或剿共義勇隊幹部訓練

　　　　子、本年度壯丁幹部訓練，分四期辦理。其時

　　　　　　期劃分如左：

　　　　　　一、第一期：自二十四年十一月起；

　　　　　　二、第二期：自二十五年一月起；

　　　　　　三、第三期：自二十五年三月起；

　　　　　　四、第四期：自二十五年五月起。

　　　　丑、訓練時間，每期暫定六星期；全省幹部訓

　　　　　　練，限本年度終了時完成。

　　　　寅、實施訓練，由各區訓練員辦公室開辦訓練

　　　　　　班訓練之。

　　　　卯、各縣壯丁總隊副隊長以下，小隊長以上，

　　　　　　均應入班受訓；其召集辦法另定之。

　　　　辰、訓練課目，遵照各省保安制度改進大綱第

　　　　　　十七條第一、第二兩項及民團整理條例第

　　　　　　二十九條規定之範圍，斟酌定之。

　　乙、壯丁訓練

　　　　子、壯丁訓練，分左列各種，其詳細計劃另

　　　　　　定之。

　　　　　　一、小隊訓練：由小隊長小隊附集合保內

　　　　　　　　壯丁，加以訓練。

　　　　　　二、聯隊訓練：由聯隊長聯隊附集合訓練

　　　　　　　　或演習。

　　　　　　三、區隊訓練：由區隊長區隊附集合訓練

　　　　　　　　或演習；並得聯合二區以上，舉行聯

合演習。

四、特種隊訓練：由各區訓練員辦公室擬
定計劃實施之。

丑、訓練課目，依照上列幹部訓練辰項所定
之範圍，擇要實施。本年度應注重識字教
育；並得依各地情形，加以特種訓練；其
訓練綱要另定之。

寅、壯丁訓練，由訓練班畢業之各級幹部分別
擔任之。在各級幹部尚未受訓練或正在受
訓時，壯丁之訓練，應由各縣總隊長酌擬
訓練計劃實施之。

七、經費

甲、分期統一（全省保安經費分三期統一）

子、自二十四年七月一日起，至九月三十日
止，為一期。由縣徵收局統收，暫由縣府
第二科保管並統支，縣財務委員會審核；
其有餘或不足時，由全省保安司令以命令
處理之。在本期內，務使全縣保安經費統
一于縣；其有自由籌集者，一律嚴禁。

丑、自二十四年四月一日起，至二十五年
三月三十一日止為第二期。實行統一于
區。並于區保安司令部附設區保安經費經
理處及區保安經費稽核委員會，遵照保安
制度改進大綱第二十四條規定辦理之。

寅、自二十五年四月一日起，至六月三十日
止，為第三期。實行統一于省。並于省保

　　　　　安處附設全省保安經費總理處及全省保安
　　　　　經費稽核委員會，遵照保安制度改進大綱
　　　　　第二十四條規定辦理之。

（說明）前列財務委員會之組織，依照縣地方財政
　　　　　章程辦理。區保安經費經理處，區保安經費
　　　　　稽核委員會，及全省保安經費總經理處，全
　　　　　省保安經費稽核委員會之組織與辦事細則另
　　　　　定之。

　　乙、收支預算

　　　　子、收入：全省保安經費之收入：

　　　　　一、依照二十四年度各縣正供糧額為限
　　　　　　　制標準，全年全省約銀七百五十餘
　　　　　　　萬元。

　　　　　二、四川省地方稅局額撥保安經費六
　　　　　　　萬元。

　　　　　三、以上一二兩項，為保安隊固定經費。
　　　　　　　其他一切苛捐雜稅，由全省保安司
　　　　　　　令，通令裁撤。

　　　　　四、前項保安經費，分兩期徵收：自二十
　　　　　　　四年七月一日起，至十二月底止，為
　　　　　　　第一期；二十五年一月一日起，至六
　　　　　　　月底止，為第二期。

　　　　　五、縣區統一時間，保安經費如有不敷或
　　　　　　　贏餘時，應呈請全省保安司令以命令
　　　　　　　處理之。

（說明一）　查各縣保安經費收入總數，照額雖為七
　　　　　百五十餘萬元；但因濫糧無著及荒旱歉收
　　　　　縣份每年實際減收之數，至少當在百萬元
　　　　　左右。此次濫糧及歉收之數，由財政廳負
　　　　　責整理足額，以資辦理。

（說明二）　查近年川省因赤匪竄擾，農村破產，其陷
　　　　　入匪區及新收縣份，百業凋敝。目前預計
　　　　　免糧減徵等額，為數至少亦在五、六萬元
　　　　　左右。此項少收之數，擬俟會計年終了計
　　　　　算確實，再由全省保安司令提請省府撥款
　　　　　補助。

（說明三）　查全省保安經費預算之收入數目，既不能完
　　　　　全收足，而本省盜匪充斥，調隊清剿，消耗
　　　　　尤鉅。將來實際支出，必較預數增多，現有
　　　　　隊兵，又無法裁減。擬遵保安制度改進大綱
　　　　　規定：減成發放薪餉，以求收支數目，不甚
　　　　　大差。減成標準：照薪餉給予表數目，官佐
　　　　　暫定八折，士兵暫定九折。俟經費由區或省
　　　　　統籌有餘時，再求增加。

　　　丑、支出：全省保安經費之支出：由保安處
　　　　　核定預算，呈由主席兼保安司令核准支
　　　　　給，並呈委員長行營查核，全數約共計銀
　　　　　七百五十餘萬元。

（說明一）　各縣保安經費在縣統一期間：其收數不足
　　　　　供給一中隊者，得視其財力縮編為二分隊
　　　　　或一分隊；不能供給一分隊者，得暫緩設

　　　　　　置，俟統一于區時，再行統籌酌定之。

（說明二）　各區直屬保安隊獨立大「中」隊經費與省
　　　　　　區經稽各處會並教育醫院修械購彈服裝及
　　　　　　預備金……等，均在保安經費項下支給，
　　　　　　全省保安司令以命令分別提議。

（說明三）　在縣統一期間，各縣保安隊官兵之薪餉，
　　　　　　由各該縣政府及縣財務委員會派員會同點
　　　　　　名發放；在區統一期間，由區省保安經費
　　　　　　稽核委員會及保安經費「總」經理處會同
　　　　　　派員點名發放，用昭覆實。

（說明四）　各特組團局，改組為區直屬保安隊；其人
　　　　　　事經理各項，由區保安司令監督考核之。

（說明五）　各保安隊臨時費之開支，應由區保安司令
　　　　　　切實監督，核實報銷。

（說明六）　省保安處經費及派赴各區政訓工作人員薪
　　　　　　公旅雜各費，均由省府開支，不在前列支
　　　　　　出項下。茲將各表附列于後：
　　　　　　一、各縣保安隊編制隊數表（附後）
　　　　　　二、全省二十四年度保安經費收入預算表
　　　　　　三、全省二十四年度保安經費支出預算表

四川省各縣保安隊編制隊數表

區別	縣名	總隊或大隊	中隊數	備考
第一區	新津	乙等大隊	2	
	成都	乙等大隊	3	
	華陽	甲種總隊	9	
	新都	乙種大隊	2	
	灌縣	乙種大隊	2	
	新繁	乙種大隊	2	
	郫縣	乙種大隊	2	
	溫江	乙種大隊	2	區保安司令駐地
	雙流	乙種大隊	2	
	崇慶	甲種大隊	4	
	彭縣	甲種大隊	4	
	崇寧	乙種大隊	2	
第二區	資中	乙種總隊	6	區保安司令駐地
	內江	甲種大隊	4	
	資陽	乙種大隊	2	
	威遠	乙種大隊	2	
	榮縣	甲種大隊	4	
	井研	乙種大隊	2	
	仁壽	乙種大隊	4	
	簡陽	乙種大隊	4	
第三區	永川	乙種大隊	2	區保安司令駐地
	巴縣	甲種總隊	9	
	江津	甲種大隊	4	
	綦江	乙種大隊	2	
	榮昌	乙種大隊	3	
	大足	乙種大隊	2	
	璧山	乙種大隊	2	
	江北	乙種大隊	3	
	合川	甲種大隊	4	
	銅梁	乙種大隊	2	
第四區	眉山	乙種大隊	2	區保安司令駐地
	洪雅	乙種大隊	2	
	夾江	乙種大隊	2	
	青神	乙種大隊	2	
	丹稜	乙種大隊	2	
	彭山	乙種大隊	2	
	蒲江	乙種大隊	2	
	邛崍	甲種大隊	4	
	大邑	甲種大隊	4	

區別	縣名	總隊或大隊	中隊數	備考
第五區	馬邊		1	
	犍為	甲種大隊	4	
	樂山	甲種大隊	4	區保安司令駐地
	屏山		1	
	雷波		1	
	峨眉	乙種大隊	2	
	峨邊		1	
第六區	宜賓	乙種總隊	6	區保安司令駐地
	南溪	乙種大隊	2	
	長寧	乙種大隊	2	
	慶符		1	
	江安		3	
	興文		1	
	珙縣		1	
	高縣		1	
	筠運		1	
第七區	瀘縣	甲種總隊	9	區保安司令駐地
	隆昌	甲種大隊	4	
	富順	乙種總隊	6	
	合江	甲種大隊	4	
	納溪	乙種大隊	2	
	古宋		1	
	古藺		1	
	敘永		1	
第八區	酉陽	乙種大隊	2	區保安司令駐地
	涪陵	乙種總隊	6	
	酆都	乙種大隊	2	
	南川		2	
	彭水		2	
	黔江		1	
	秀山		1	
	石柱		1	
第九區	奉節		2	
	巫山		1	
	巫溪		1	
	雲陽		2	
	萬縣	甲種總隊	9	區保安司令駐地
	開縣	乙種大隊	3	
	忠縣		2	
	城口		1	

區別	縣名	總隊或大隊	中隊數	備考
第十區	大竹	甲種大隊	4	區保安司令駐地
	渠縣		4	
	廣安		4	
	梁山		4	
	鄰水	乙種大隊	2	
	墊江		2	
	長壽		2	
第十一區	南充	甲種總隊	9	區保安司令駐地
	岳池	乙種大隊	2	
	西充		2	
	蓬安		2	
	營山		2	
	儀隴		2	
	南部		2	
	武縣		2	
第十二區	遂寧	乙種總隊	6	區保安司令駐地
	潼南	乙種大隊	2	
	安岳		2	
	樂至		2	
	中江		4	
	三台	甲種大隊	4	
	射洪		4	
	鹽亭	乙種大隊	2	
	蓬溪	甲種大隊	4	
第十三區	綿陽	乙種總隊	6	區保安司令駐地
	梓潼	乙種大隊	2	
	安縣		2	
	羅江		2	
	綿竹	甲種大隊	4	
	德陽	乙種大隊	2	
	什邡	甲種大隊	4	
	廣漢		4	
	金堂		4	

區別	縣名	總隊或大隊	中隊數	備考
第十四區	劍閣	乙種大隊	2	區保安司令駐地
	蒼溪		1	
	廣元		2	
	昭化		1	
	江油		2	
	彰明		2	
	北川		1	
	平武		1	
	閬中		2	
第十五區	巴中	乙種總隊	6	
	達縣		6	區保安司令駐地
	開江	乙種大隊	3	
	宣漢		2	
	萬源		2	
	通江		2	
	南江		1	
第十六區	理番		1	
	汶川		1	
	茂縣		2	區保安司令駐地
	懋功		1	
	松潘		1	
	三屯		3	撫邊、崇化、綏靖各一中隊
第十七區	雅安	乙種大隊	2	
	名山		1	
	蘆山		1	
	寶興		1	
	天全		1	
	榮經		1	
	漢源		1	
	金湯		1	係設治局
第十八區	西昌	乙種總隊	6	
	昭覺		1	
	寧南		1	
	會理		1	
	鹽邊		1	
	鹽源		1	
	冕寧		1	
	越嶲		1	

合計

甲種總隊五、乙種總隊九、甲種大隊二十五、乙種大隊
六十九，未設大隊部之縣四十四、中隊三百八十七。

說明

一、查編列數量，係就全省二十四年度統籌之保安經費
　　以為設置隊額標準，其祇編一中隊者，並不設大隊
　　部，即以該縣縣長統馭揮指之。

二、遵照委員長行營指令將專員駐地劍閣、茂縣、酉
　　陽三處，各增加保安隊一中隊；並各成立乙種大隊
　　部，其隊額來源，即係從前各山峽防特組團隊改組
　　後未編足剩餘隊額。

貴州

　　貴州保安團隊，在二十四年十月以前，為其計劃及
初步整理時期。計其陸續擬訂之條規：有貴州省保安處
組織規程，服務細則，各縣民團整理實施細則，全省保
安經費區統籌計劃施行規則，保安經費稽核委員會暫行
組織條例，保安經費經理處辦事規程，區保安經費經理
處暫行組織條例，區保安經費稽核委員會辦事規程，及
各項編制表⋯⋯等，呈經備查，法制頗為完備。其辦理
情形，曾據黔省主席暨全省保安司令吳忠信呈稱：

　　1. 關于保安隊方面——查地方團隊，前政府雖有保
　　有保衛團之組織；然均未遵照鈞座頒行之各項保
　　安法規辦理，故諸多窳敗，漫無頭緒。業經前政府
　　通令取銷。職蒞任以後，為明瞭各縣情形便于整理
　　計，自保安處成立（除稟准成立省保安隊二團一營

外），擬定各縣團隊現狀調查表，令發各縣照表填報，限于六月三十日以前呈報；各縣呈報後，依據所得狀況，遵照剿匪區內各省民團整理條例，確定各縣應設保安隊數量（雖至貧瘠之縣，亦須成立一保安中隊），以作幹衛地方之基礎，保障其安謐。虜即于二十四年七月十日，擬定保安處編練各縣團隊辦法，並陸續翻印鈞座制定之各項保安法令規章，令飭各區保安司令及各縣遵照辦理。所有各縣應編團隊，統限于二十四年七月內呈報編組；八月間應即全數成立。限期屆滿呈報成立者，僅有清鎮、開陽、興仁……等十四縣；其餘未成立各縣：或因經費困難，或以槍彈無著，故未能如期編組，其情不無可原。乃通令准展限一月，統限于九月二十日以前，一律編組完成。迄至現在，陸續呈報成立各縣，謹臚列于後：

息烽	開陽	清鎮	廣順	仁懷	天柱	平越
平舟	青溪	荔波	麻江	貴陽	興仁	都江
畢節	婺川	織金	八寨	龍里	綏陽	都勻
普定	正安	修文	興義	平壩	安南	安龍
郎岱	銅仁	松桃	江口	石阡	省溪	玉屏
施秉	遵義	黔西	鑪山	長寨	湄潭	下江
羅甸	餘慶	德江	關嶺	咸寧	貴定	思南
水城	大塘	安順	定番	赤水	盤縣	鰼水
貞豐	冊亨	普安	三穗	永從	鎮遠	榕江
黃平	錦屏	桐梓	都江	沿河	大定	
甘龍口分縣						

以上總計六十九縣一分縣。所有未完成各縣,現正
發令督促中。惟查各縣雖已具報成立保安隊;只
以黔省交通梗阻,偏處一隅;加以漢夷雜處,兵
燹頻仍,良善之幹部人員,稀如晨星。乃于六月
內,遵照民團整理條例第十八條之規定,組織軍士
隊,招考初中畢業生一百二十名,編組成立,施
以嚴格訓練。于十月畢業,隨即分發教導隊各區隊
充任班長;至下級幹部人員,即以黔軍新編各師編
餘官佐,准駐黔綏靖公署發交保安處編組訓練之
二百六十員,組織成立教導總隊。訓練期為三個
月,應于二十四年十二月畢業;嗣因程度之參差不
一,乃延期一月,于二十五年元月畢業;畢業後,
擬即分發各縣作保安隊之幹部人員。至各縣現有之
幹部人員,統限于二十五年元月二十五日以前,調
省受訓;即以各縣送訓人員組織教導總隊第二期,
受訓期為兩個月。……

2. 關于壯丁隊方面——依據貴州省壯丁訓練實施計
劃第二條之規定,應于保甲編查完竣後實施。因保
甲尚未編查健全,故壯丁訓練,無從著手。其編組
情形,自無由填報;俟編查完成後,即行令催各縣
編隊訓練,再為填報。

所有黔省辦理保安團情形,已盡于來呈所述。惟呈
閱所述擬定之保安處編練各縣團隊辦法,迄未報查耳。
(貴州省壯丁訓練實施計劃,現已作廢,未能附錄;其
餘各項條規及附表,則悉載附錄。)

二、清鄉善後

四川

　　川北、川西北、川中各縣士紳，因避匪患，多寄居成都，不肯回鄉。民眾因缺乏領導，勢如散沙；各軍政機關，辦理一切清剿事項，無人協助，遇事棘手。委員長移節成都後，即擬召集各縣住城士紳談話，欲派往各縣籌辦堅壁清野及領導剿匪事宜。因令國光與劉湘先行商訂辦法，再行召集。國光遵即擬具辦法數：

一、由剿匪總部通知三部份各縣旅省負有聲望之公正士
　　紳，定期開談話會。

二、開會期間，愈速為好；由總部酌定，通知本團。

三、開會地址，由總部覓定，通知本團。

四、各士紳回縣旅費，由總部規定數目，設法籌發。

五、士紳回縣名義，由總部令各縣委以清鄉善後委員會
　　委員或幹事。

六、回縣工作之步驟：

　　甲、領導民眾，組織剿共義勇隊或壯丁隊。

　　乙、指導剿共義勇隊或壯丁隊派偵探，設崗哨，瞭
　　　　望、盤查、緝捕匪盜，充實自衛力量。

　　丙、領導民眾築碉堡，修公路，集中糧物，實行堅
　　　　壁清野。

　　丁、協助地方辦理保甲，清查戶口。

　　戊、招撫流亡，救濟農村。

　　己、宣傳赤匪罪惡。

七、各縣士紳名單及開會程序，由總部于開會前二日抄
　　送本團，以便轉呈委座。

　　經將上項辦法，通知四川剿匪總司令劉湘。旋准
函復：

　　　貴團所擬辦法數條，周密詳審。敝部遵即通知地方
　　協會及轉知川北、川西北、川中各縣在省紳士。近
　　因川省在剿匪嚴重時期，所有川北、川西北、川中
　　各縣紳士，俱參加地方協會工作。其聲望、地位、
　　環境，……該會知之頗詳。此項人選，是否限定標
　　準？擬由敝部與該會開一度預備會議後；再行開具
　　名單，擬定日期地點，送請貴團轉呈委座核定。

　　成都地方協會于六月二十五日開預備會議。決定于
七月二日午前九時，在省黨部正式開會受訓。函請國光
轉請委員長核示。奉批：「可」。委員長屆期蒞會，各
士紳望見豐彩，聆受訓詞後，咸思奮勉。願回鄉工作。

　　旋由成都地方協會擬具四川各縣臨時清鄉善後委員
會組織條例意見書，經劉湘轉呈前來。據稱：

　　　……參謀團所擬之辦法，事繁責重；而各縣推選之
　　人，又係由縣委以委員或幹事。並查豫、鄂、皖、
　　贛各省之清鄉善後委員會組織大綱，統由縣中法團
　　機關及各區分舉代表，共同組織。誠屬通力合作，
　　眾擎易舉。詎知川省各縣情形特殊，公務人員，頗
　　多土劣；即以公正者參加其間，而性行各別，志趣
　　各殊，水乳難融，恐不易推動。且同屬委員幹事，
　　相互平等。萬一以眾牽制，尤足以障礙進行。故
　　被選各員，率皆知難而退，不願返里。以致審查標

格，莫由決定。幾經商討結果：由各縣推選士紳地位較高譽望較隆者，由行營委以副委員長名義，以縣長為當然委員長；並由副委員長酌邀留省士紳，共同回縣組織。但該會組織法在川省尚未經行營核定公佈；若仍沿襲豫、鄂、皖、贛各省之臨時清鄉善後委員會組織大綱，察其規定，與川省情形，似多不合。若不因地制宜，推行恐難盡利。爰遵照組織大綱及參謀團擬具辦法，並參酌本省情形，擬具組織條例意見十八則，貢獻行營，用資採納。

所擬意見書，其中與行營所頒清委會組織大綱，彼此最為特異之點：

第一、請設副委員長一人，由軍委會委員長核委；或由剿匪總部或省政府委任。

第二、副委員長對于會務工作之進行，得商同委員長（即縣長兼任者，下同）負責領導；若有困難時，得報請上峰核示。

第三、副委員長對于地方政務認為有改革之必要者，得商同委員長次第興革之。

第四、該會辦公經費：分一等縣月支五百元；二等縣月支四百元；三等縣月支三百元。

第五、該會辦理必要之事業費，應先切實預算，經眾議決，呈報核准。

以上各條，皆為行營清委會組織大綱所無。細究地協會所以有上列各項主張之本意：無非顧慮四川各縣文武官吏及地方土劣，向皆風氣甚壞。若使公正士紳，參加清鄉善後之工作，而不略崇其名位。給予相當之職

權，實恐不易推動。一般正紳，寧願知難而退。故有第
「一」「二」「三」等項之主張。並以清鄉善後，非僅
空言有效，另有若干應辦之事業。則應准籌經費，以赴
事功，而免受官吏與團體之控制。

　　凡此用意，揆之四川各縣地方過去之情形，誠亦不
為無見，未可厚非。第斯時四川一切庶政，正在屬行革
新，所有行營一切法令規章，統已在川一律推行。凡行
政上一切系統，亦正在嚴加劃清，樹立規模；並分區設
立行政督察專員，督責推行。自不容再有所紊亂。況清
委會工作，固賴地方公正士紳，群策群力，相與推進。
然實際之事業（如原大綱中規定：訓練剿共義勇隊，搜
索零匪，清查戶口，及安撫投誠，賑濟難民，構築碉
堡，架設電話，修築道路橋梁……等事），又無一不須
與當地文武官吏相輔而行，清委會決不能離行政而獨
立。乃地協會所擬組織條例之意見（副委員長對各項工
作，商同委員長負責領導督促，並得逐報上峰核示；地
方政務，並得商同委員長次第興革），皆有使清委會離
開縣府獨立與混亂行政系統之嫌。必轉滋糾紛，礙及施
政。而清委會辦理事業費用，得自定預算，呈請核准，
又與各縣正將推行之縣財務委員會章程之規定相抵觸。
實皆不可行。自應仍依行營原頒清委會大綱辦理，乃切
合實際。

　　至地協會原函省府所稱：「各縣情形特殊，公務人
員，頗多土劣，與正紳水乳難融，不易推動。」一節，
則在行營所頒文武官佐士兵懲獎條例及懲治土豪劣紳條
例中對于文武官佐，環視清鄉善後工作，及土劣阻撓

政令及地方公益事業者，均有嚴格懲處之規定。苟有此種情事，清委會人員近則可據情申報該營之行政專員，遠則可申報行營駐川軍法處，均不難執法以繩，立予矯正。地協會所顧慮之原因，既已根本消滅；所舉理由，自難成立。當經指令不准。委員長復召見地協會審查長周萃池面諭：

> 此次回縣士紳，應即以各士紳資格，回縣協助工作。既非官吏，不必用委。可轉諭各士紳知照。

旋據地協會呈送回籍士紳名冊，呈稱：

> ……各士紳紛紛以豫鄂皖剿匪區內臨時清善會組織大綱，按之川省情形，似有出入，組織若被包圍，推動恐無成效。應請解除障礙，由本行營另擬暫行補充條例。

其絃外之音，蓋回籍士紳，仍欲爭得副委員長頭銜，不願受縣長之遴聘耳。因令曰：

> 清善會之組織，係採常委制，不設副委員長；亦唯常委制，則一縣中之較負時望者，乃能多所羅致，共赴事功。此屬立法之根本原則。揆之川省情形，並無不合。未便因人立法，有所遷就。況善後會之組織，回籍士紳及在籍士紳，均可參加。縣長應有擇優選聘之權；亦不宜指定姓名，令發照聘。要之士紳為一縣人民之表率，其協助清剿工作，應在原籍之區、鄉、村鎮多方努力。固無須假以任何似官非官之名義；尤非人人齊集縣治，悉數加入清善會為委員也。應仍遵前令辦理。希轉告各紳，一體遵照。

各士紳奉令後紛紛回籍，並據各縣先後呈報清善會成立日期。各士紳回縣後，能表現成績者，頗不乏人。厥後赤匪遠竄，各縣清善會，亦同時結束，一切政務，已逐步回復常態矣。

第七章　關于邊政事項

一、宣慰

　　康藏為喇嘛教盛行之地，其風俗習慣，語言文字，與內地迥殊，素為聲教所不及。而西康毗連川滇，民俗強悍，久為邊患。自朱毛股匪，突渡金沙江後，企圖北竄，與川北徐匪合股。西康亦當竄向。若令匪軍竄入，宣傳邪說，知識簡單之康民，鮮有不入其彀中者。委員長早思派員赴康宣撫，使康民努力自衛，以遏赤匪西竄之路。而難其人。會西康紅教領袖諾那呼圖克圖，上書自效。據稱：

> 西康在前清歸四川總督節制，向不由駐藏大臣管領。此其一。
>
> 康、漢感情素篤，達賴喇嘛受英人慫恿而獨立；並據前第五達賴之說，畫瀘定以為界，乃進而略康。時諾那首當其衝，于是糾合徒眾，與之抗戰七載。卒以漢軍投降，諾那就擒；而素志向內者，多遭殺戮。此其二。
>
> 康人以政府久無收復全康之舉，漸次失望；英、法伺其機而誘之。諾那屢屢制止，並囑靜待中央處置。此其三。
>
> 諾那自脫幽囚，潛來內地乞援，承蒙政府諸公優待；尤荷委員長屢致嘉慰，去年在京面諭：稍緩即送諾那回康，以饜父老之望。此其四。
>
> 現在康人因川局不清，書函催促，並派代表敦請，

　　情事更為急迫！恰值委員長剿匪就緒，重視西陲。
　　諾那待命十餘年。特懇委員長主持，下償夙願。此
　　其五。
　　最近政府任命諾那為西康建省委員會委員。竊建省
　　經費無出，康漢隔閡太深。諾那不諳政治，建設
　　非其所長。若政府予以聯絡化導之責，為中央及地
　　方政府作前驅。則諾那為康人，年事稍長，情形較
　　熟。康人對諾那頗以往事未曾賣國賣友，多願推誠
　　相與，或不致辜負委任。此其六。
　　諾那七十老翁，夫何要求？不忍使康地離開祖國，
　　不忍見佛法淪于異教。故面向委員長誠懇要求：如
　　委員長肯送我回康，幸而成功，國之福也；萬一為
　　外交所阻，亦可卸責于諾那一人之所為，諾那甘負
　　其咎。及今不圖，恐康地將為滿蒙之續矣。惟委員
　　長亟圖之！
當經令復：
　　書悉。肫摯忠愛，堅苦報國之情，溢于言表。甚所
　　嘉慰！大師回康化導，自屬有裨邊局。一俟川局稍
　　定，當為設法助成也。
　　五月，命薛部渡江向圍攻會理之匪夾擊；並委諾那
為西康宣慰使，令其回康協剿。時諾那本人尚在南京，
經電促來川，令其組織宣慰使署。並指示辦法數則：
一、員兵薪餉，月支七千一百二十元。
二、辦公費月支二千七百六十元。
三、使署成立後，邦達朵吉所部二百餘人，交諾那點改
　　編為警衛隊。並規定辦法如次：

1. 該部交諾那點驗改編後，所有官兵伕，總計以
三百人為限（因原報有槍械三百餘支）。
2. 改編後統共每月酌給最低限度之生活補助費
二千五百元。
3. 酌發手槍二十支與諾那具領備用，藉示優異。
以上第「一」「二」「三」三款，合計每月共為一
萬二千三百八十元。

四、據稱：回康宣慰，必須酌辦物品帶去（如綢緞、哈
達、茶葉之類），俾作餽贈各寺喇嘛土司之用，暨
全體職員六十人由成都前往巴安之川資。請共發給
一萬三千四百元等語；就康中人情風俗而論，該使
前往宣慰時，對各寺廟及土司等餽贈物品，確有必
要；尤其每到一寺廟，即須放茶，每個喇嘛，並須
酌給賞錢數分，且係以代表委員長名義行之。經准
連旅費在內，一次酌發一萬元。

五、由別動隊派員隨同赴康。

諾那于八月率領員兵，向西康前進，沿途宣慰。是
月二十四日，據報：

> 職于哿日由瀘定西行，沿途對當地鄉董及附近土司
> 來相迎迓者，宣慰一切，大眾歡恰。養日抵康定，
> 備承軍政長官及各機關法團，遠道走訪。昨日並假
> 朵極陀歡迎，大曜、疆格、瞻化、定鄉、丹巴三十
> 餘族，各地代表及一般康人，踴躍參加，歡喜若
> 狂。莫不感激鈞座體念康民注重邊疆之至意。而此
> 地為西陲鎖鑰，邊政中樞，漢夷混雜，言文歧異。
> 如何使種族隔閡，融為一體？如何使鈞座德威，深

入眾心？正廣集各喇嘛土司團總，詳加探詢，以便
迎合宣化，因勢指導。敬懇時垂訓示，俾有遵循。

因令曰：

沿途宣慰，至念賢勞！尚希因勢利導，俾中央威
德深入眾心，各種族融為一體，以固邊疆，是所
至盼！

是月三十日，又據諾那電呈：

連日接見金沙江東岸各縣各喇嘛寺各土司代表暨總
保村長等，剴切曉諭中央德意，並鈞座救國救民
之苦衷與實施方策，聞者莫不感泣。其民間苦痛，
均以地方官徵收太重，不堪負擔，致有逃亡逋稅之
事。職當勗以正在剿匪，大家宜忍痛報國。一面向
川康邊防軍屯殖司令部當局，開誠商量減輕辦法，
俟邊防軍改編，餉有著落，一切苛雜，均即免除。
龍化朵吉朗嘉，被巴癯朵吉、刦登朵吉劫奪一案，
雙方勢強，牽涉數縣，地方官無法辦理。職多方開
導，並與二十四軍軍部屯殖司令部會銜訓令，制止
暴動，聽候查辦，當可消弭無形。

擬下月開一擴大紀念週，報告奉命宣慰事項及實施
辦法，一面通知康定、九龍、理化、甘孜、鑪霍、
道孚、丹巴、雅江、瞻化等九縣各喇嘛寺堪布或負
責喇嘛、土司、頭人，趕來康定，于九月十五日，
請軍民長官列席，當場發布宣慰辦法，並于防匪方
略，特別申儆。

擬隨派本署職員，同赴各該縣指導督促，使其必
行。然後由職親赴各地，周密考察。總使政令有實

行之效，人民無不白之冤。較之分別宣慰，為整齊
而有力；且亦非口頭宣慰，即為了事者。

擬劃康境為三區，次第施行宣慰。第一區以康定為
中心；第二區以德格為中心；第三區以巴安為中
心。其詳細程序及實施辦法，當另呈請示。

旋據呈報宣慰程序暨實施綱要，于九月呈請核示前
來。據稱：

職奉命視事以來，昕夕憂惶！如何使中央政令推行
邊地？如何使鈞座德威深入眾心？既入康境，悉心
體察。重以鈞囑因勢利導，用固邊疆，益不敢涉輕
率，致滋貽誤。連日接見各地代表並軍民長官，往
返商談，政習民情，粗得梗概。爰擬宣慰程序暨實
施綱要，以為進行張本。前後一貫，緩急攸分。幸
免周章，冀獲微效。

宣慰程序，約有四端：

一、分區辦理：康地廣袤，城邑稀少。遽爾逐縣
　　分頭宣慰，既嫌支離，復乏觀摩感通之效。且
　　勞冗車騎，徒矜威重，看花走馬，心得毫無。
　　欲以全康官紳集之一處，則距離遼闊，徒重
　　跋涉之苦；而南北二路，耕牧之業不同，純駁
　　之風懸異。因病與藥，且宜分別訓導。故斟酌
　　現有領域，分為三區：第一區以康定為中心，
　　瀘定、九龍、丹巴、雅江、鑪霍、道孚、甘
　　孜、理化屬之。多近漢族，當交通孔道，耕多
　　牧少，民情大致純正。瞻化匪遙，一向多事；
　　兼以械鬥巨案未結，故不列入首區。第二區以

德格為中心，鄧柯、石渠、白玉、瞻化屬之。
氣候高寒，太半畜牧，人無安土重遷之念，俗
有慓疾集結之風。各喇嘛寺住持聖教，宏碩輩
出，儼然為天下宗風。藏兵屢加劫持（除瞻化
外），眾無異志。蓋紅教感化之力深也。第三
區以巴安為中心，德榮、定鄉、稻城及義敦分
縣屬之。土厚氣溫，大半耕植，輕死鬥狠，甲
于他鄉。定、稻為盜賊淵藪，漢、藏人恆引為
鉅憂。知縣事者多被殘害，強暴梗頑，最號難
治。宜殷厥後，寬猛漸施。

二、集眾訓化：區劃既定，如挨城邑村堡一一曉
諭，其失與上述同。區內堪布喇嘛土司頭人，
有素明大義者；有暗結藏兵者；有觀望形勢
者。今若集良、莠、順、逆之眾于一堂，竭旬
日之力，相與講說忠義大節；國內外一切情
勢；動之以利害；臨之以紀綱；稱揚德威，以
奪其疑慮；贈餽放茶，以結其歡心。庶幾思蠢
動者棄逆效順；秉忠貞者益加悅服。

三、指導實行：訓導時促，聞者限少數士紳，欲推
之全民，自非展轉宣傳，自我做起不可。必由
本署得力職員，同赴各縣村，指導勸諭，助其
實踐。如自衛組織、教育、新生活等，在在須
有實際努力，而後可收實效。宣慰工作，以深
入民間為主，原非高坐堂皇之事。凡職經過地
方，當親自指導，以求貫澈。

四、覆按審竅：既已指導實行，其考成當寬以期

限，令其縱容準備試驗。每區實施宣慰，以兩月為期，加以行程留滯，約八個月即可周圓。然後輕車簡從，周履城村，一一檢閱。向所訓化所指導者，究竟成效如何？其有不舉或舉而無功者，癥結安在？巡迴審察，務得其情。多方開導，以激其志神；明揭賞罰，以示之勸懲。必使中央政令，暢行無阻；鈞座德威，貫洽人心。

實行綱要，約分為三：

一、宣化：奉命宣慰，職寄敷揚。自應分別門類，剴切詳陳。屬于政治者：為信仰三民主義以敦其本；服從國民政府以端其向；擁護唯一領袖（蔣委員長），以一其心；認識西康建省以廣其用；擔起康人責任以明其分。屬于教育者：為康人應習漢文漢語，以掃除隔閡，以增高文明，以宏揚佛法于內地，以通澈政治及各種技能，以不負委座提倡康人讀書之苦心。其住漢人，尤應學習康語康文，以為彼此融化之本。屬于社會心理心者：為糾正過去錯誤，永與漢人團結禦侮。對貪官污吏，依法伸訴，不得直接犯亂。「蠻」字稱謂，侮我太甚。宜屬行禁止。並種牛痘以增健康；齊夫妻以符定禮。屬于新生活運動者：其意義、方式、標準，一如往例，……康人所急切者，為確守規矩，養成良好風尚，實行清潔，洗除粗陋惡習；更須喇嘛土司，自我推行。

二、指導：民眾之組織與訓練，行之康地，至為困
　難！縣與縣異，村與村歧。官府無統一法規，人
　民亦自為風氣。所幸心性質淳，粗具聯繫，摩之
　以漸，其效可通。屬于組織者：為編制保甲，清
　查戶口，整理團隊。更應統一互助，澄清積弊，
　以樹自治之基。屬于訓練者：為範疇行為，條理
　思想，轉移風氣，通別兼施。其業務上智識技
　能之薰習陶冶，邊人游惰，尤所急需。

三、協助剿匪：協助之道，自以編織訓練民兵為
　要。求精神之團結，以齊眾心；謀糧畜之集
　中，以絕匪用；建置碉堡工事，以穷匪勢；並
　利交通，以悉匪情；秋深雪阻，尤康人殺賊之
　機，當加鼓舞，為國效力。

綜上四種宣慰程序，三種實施綱要，為依中央法
令，鈞座委囑，参以當地情形，個人心得，斟酌擬
定。其間進止緩急，應由職臨機轉環，活用無滯。
其集眾訓化之期，首述宣慰使命，以為概括說明；
次令分別報告政況民情，俾免壅塞。然後就宣化、
指導、剿匪三端，分類開示；並時加啟發，令相質
析，反覆叮嚀，如家人父子論家常事。必使大眾明
白了解，胸無疑惑。最後始為一致之決議，其決議
內容，擬為九事；隨有所需，即便增置。務期口諾
心是，禮佛誓從；別有伸理冤抑，剔減負擔，原為
問民疾苦者所有事；獨興革大端，權屬西康政府。
職唯有居間調辦，或商長官設法改善，所以守職
分，重行政系統也。

其所陳辦法，尚屬扼要。經于九月七日，復令嘉勉；並飭其努力化導，隨時續報。二十四日，諾那呈報在一區開宣慰大會情形。據稱：

> 第一區宣慰大會到康定等九縣代表六十五人，請軍民長官及各法團列席。由職首述中央德意及鈞座對西康種種設施，並報告宣慰程序及實施綱要，群情歡忭。第二日由職首述宣慰使命，于宣慰、指導、剿匪三事，剴切說明。次由各代表報告各地政況民情，挨次陳述，歷四小時，激昂悽惻，多怨望憤懣之詞，一致切求鈞座本整理內地之精神，救邊民于水火。第一日由職宣布實施宣慰辦法，詳加解釋。凡從前不明三民主義或懷疑者，令盡翕然，決定服從鈞座，服從中央。

同時並據西康宣慰使署秘書長韓大載報稱：

> 佛座抵此，連日接見談話，無有休息。計金沙江東岸黃教十三個大喇嘛寺，除大金寺已燬，喇嘛四散，無人來迎外；餘十二大寺，均由寺主呼圖克圖或派堪布大喇嘛恭致迎候，且輸一致合作之忱，此為始料所不及。白教、紅教、漢眾更踴躍歡迎，承事一切。金沙江西岸藏方所佔之地方（如昌都之雅、波、密、桑、昂等處），亦密派代表輸誠。……

自諾那西行以後，康人咸感中央及委員長之德化。傾心內向。倘再假時日，加以改教之力，未必不可使其與漢族同化也。

二、研究調查

對于邊地民族，固應先之以宣慰，使其傾心向化；尤應調查其真相，研究其方法。然後可以對症下藥，推行政教，不致扞格也。爰由參謀團組織邊政研究委員會，羅致熟習邊情者擔任委員。研究一切有關邊政問題，擬具各項撫邊策略。

五月二十七日，奉委員長手令：

> 電令四川、西康、青海、甘肅、四省府，轉飭邊區各縣長，限期調查各縣之人口與夷情之詳報。

遵即製定調查表式，電令各該省政府遵照查填具報。嗣據各該省府先後填報前來。茲並錄于後。亦抑研究邊務參考之一助也。

四川省邊區各縣各族人口數目及向背情形調查表

縣別	漢	回	番	猓夷	苗	向背情形	備考
松潘	16,589		56,700			向服政府	
理番	15,234		48,840			時向時背	
懋功	15,381		54,846			向服政府	
茂縣	135,451		30,000			向服政府	
汶川	5,241		6,270			向服政府	
撫邊	2,989		1,980			向服政府	
崇化	4,734		2,100			向服政府	
綏靖	4,530		34,841			向服政府	
西昌	178,000			200,000		仇視漢人時出劫掠	
會理	125,992			16,000		仇視漢人時出劫掠	
冕寧	150,000	130	800	100,000		回番全向漢夷人約半數向漢	
越嶲	143,461			24,600		仇視漢人時出劫掠	

縣別	漢	回	番	猓夷	苗	向背情形	備考
鹽源	19,590	40	3,810	7,600	400	回番苗尚服從政府夷人反覆無常	本縣數字係以戶計
鹽邊	129,507			17,500		仇視漢人時出劫掠	
馬邊	20,500			12,000		夷性頑固酗酒嗜殺加以恩威亦知感化	猓夷分兩種黑夷二千白夷萬餘多為漢人同化
雷波	12,968			8,286			失陷化外者除外
漢源	69,300			1,200		與漢同化	
峨邊	58,559			64,700		夷尚馴謹	
屏山	180,522			6,000		降漢者約十分之七餘皆向背無常	
珙縣					2,000	與漢同化	
敘永	276,000	3,000		21,000		少數夷人為匪謀惑曉諭後多投誠者	
古宋					4,047		
古藺	332,502		100		166	夷民皆未開化與漢人尚能融洽數字不詳	
高縣	128,996		100		2,634	苗民多佃農智識低落性純樸回夷經營小貿尚能順服政府	
長寧	164,900				100		
慶符	109,226	1,000				回民散處各鄉已無形同化	
興文	41,776				4,600	苗民言行簡陋尚恭順	

縣別	漢	回	番	猓夷	苗	向背情形	備考
酉陽	479,964					間有少數回民已與漢人同化不詳其數	
秀山	318,886					間有少數回民已與漢人同化不詳其數	
彭水	282,000					間有少數回民已與漢人同化不詳其數	

四川省邊區各縣夷情調查表

種類	夷人種類，尚無確切之調查。要以猓玀為最多。猓玀之中，又有黑夷、白夷之分。黑夷為純種夷人，白夷乃被擄漢人，久之漸與同化者。
住地	夷人喜住高山，不喜住平地。因平地陰濕多病，遂以有鬼作祟，相戒不居。
夷性	夷性好鬥，每因細故成世仇；但急于公義，與漢人爭，則能頓消前怨，同禦外侮。貪小利；嗜酒；重然諾，常飲血酒為盟。不好清潔。
黑白夷關係	黑夷為白夷主人，自稱貴族，視白夷為奴隸，不通婚姻，間有納白夷女為妾者。白夷則出力奉養黑夷，其享受待遇與黑夷同。白夷有受人欺侮者，其主（黑夷）必以死力爭。故其階級雖嚴，而經濟上則較平等。
夷人與娃子之關係	黑白夷皆以擄或買得之漢人為娃子（即奴隸），替其工作，以娃子多者為榮。娃子之待遇最差，其中亦有階級，俗有「幾灘娃子」之稱，其最高級而榮耀者，為管家娃子，其與夷人之關係，亦尤白夷之與黑夷也。
宗教	夷人無信仰之宗教，凡奇異之自然物（如大樹怪石……等），皆其信仰崇拜之對象。
語言	發音沉重混濁，多喉音，音調簡單。漢語中之「名詞」「動詞」為夷語所無者，亦多沿用。
文字	夷文不完全，作四方形，略如篆書，書法由右至左，一字一音，有同音同義者。黑夷多不識字，能識字者，為白夷中之伯姆，為書符咒之用。
曆法	夷人曆法，依十二支之次序記日，以十二支所屬之動物名稱，為各日之稱謂，與漢曆略同。蓋伯姆所推算，亦由漢得來也。
疾死	夷人病不知醫，召伯姆打雞打羊打牛以卜咒之；不愈，則置病人于洞中，聽其自死；死則火葬之。

夷女	夷女極為尊貴，為一家之中心，亦即社會組織之中心，家政均取決于女子，未嫁時為家庭財產之一部份，故嫁時必重索聘金以為榮。
家族社會	夷人聚族而居，各支自成村落，儼如一國。與鄰村有仇，防備甚嚴。家族觀念極重，黑夷對本支事務，皆須負責，對于娃子，黑白夷均可管理。
婚姻	夷人多係一夫一妻制，同族三代以後，即可結婚。與漢人不結婚，而黑夷婦女，絕對不嫁白夷。如黑夷有姦淫白夷婦女者，則為人所不齒；黑夷婦女私通白夷者，一經發覺，必受嚴厲之處罰；白夷婦女，則以私通黑夷為榮。
政治組織	夷人無統一之政治組織，每支有每支之首領，其首領即該支中較強能之家長或族長。蓋夷人政治組織，實一家族政治社會，故辦理夷務者，每感頭腦太多之苦！無一可負全體夷民責任之領袖。
經濟狀況	夷人對于農業，不知振作，多聽其自然；對于荒地，亦不知開墾；更無所謂工商業，多數消耗品，均仰給于漢人。
武備	夷人無常備兵，有事則臨時集合。民國以來，漢人貪重價，輸入槍枝甚多，但夷人不能製造修理。

　　綜上列兩表觀之，川省異族雖多，為患者僅有夷民。其原因實由夷民不勤耕作，生活常感不足，故每搶劫漢人。漢人與之通商時，又每設法欺騙夷人；剿夷官軍，一入夷巢，必索重賂；或以夷制夷，聯甲以攻乙，使其自相殘殺，夷人昧于智謀，一時誤墮術中。及其悟也，則恨之刺骨，常乘漢人之隙，以謀報復，漢人屢為所乘，益啟夷人輕視之心。故前清川督蘇建玉奏議剿辦，被清廷斥責，後遂無人再建此議，蓋知其難也。

　　于是由追剿一變而為防堵。而夷人出沒無常，蹈瑕伺隙，聲東擊西，官軍益為所困，前清對于防堵夷人，所費甚鉅！終不能制夷人之擾亂。

　　乃又由防夷一變而為撫夷（或尊之以官；或賄之以保路包山；或拘質其人），方法雖多，而信用已失，夷人之驕橫如故。

　　歷代治夷方針，不外上述：「剿」「防」「撫」三

種策略，其結果終歸失敗。降及民國，更由撫夷一變而
為聽夷，民國八年，昭覺縣城失陷，迄今十有餘年，尚
無收復之策，長此放任，夷患不知伊于胡底！？以前
治夷策略，均係急則治標，遂遺上策，非失之于操切，
即失之于因循。要之夷人之擾攘鴟張，實有其經濟、社
會、文化、政治之不同。如因其病而藥之，未必不可變
為良民。是捨化夷而外，別無良法，刻正從事研究中。
因非本篇應述範圍，不復贅。

西康各縣人口調查

康定	男 20,068 女 17,944	共 38,012 人
瀘定	男 25,300 女 26,032	共 51,332 人
丹巴	男 17,332 女 20,330	共 37,662 人
九龍	男 11,119 女 11,293	共 22,411 人
雅江	男 10,436 女 10,258	共 20,694 人
理化	男 34,664 女 34,302	共 47,967 人
巴安	男 27,001 女 27,068	共 54,099 人
鹽井	男 10,671 女 11,585	共 22,256 人
稻城	男 12,198 女 13,340	共 25,538 人
定鄉	男 14,500 女 13,800	共 28,300 人
得榮	男 10,349 女 11,232	共 21,581 人
道孚	男 18,270 女 19,115	共 37,385 人
鑪霍	男 11,894 女 12,610	共 24,504 人

甘孜	男	21,863	共 44,622 人
	女	22,759	
瞻化	男	29,942	共 60,387 人
	女	30,445	
德格	男	12,599	共 25,743 人
	女	13,144	
白玉	男	9,279	共 20,615 人
	女	11,336	
鄧柯	男	15,180	共 31,110 人
	女	15,920	
石渠	男	15,810	共 32,410 人
	女	16,600	
義敦	男	6,740	共 16,140 人
	女	9,400	
丹、道、鑪、甘、鄧、石沿邊土著	男	34,301	共 69,908 人
	女	35,607	
合計	男	358,516	共 732,636 人
	女	274,120	

西康藏兵駐防各縣人口統計

甯靜	男	17,376	共 35,224 人
	女	17,848	
察雅	男	18,891	共 38,610 人
	女	19,719	
昌都	男	19,301	共 39,971 人
	女	20,670	
思達	男	1,951	共 4,024 人
	女	2,073	
武城	男	11,061	共 23,452 人
	女	12,391	
同普	男	18,630	共 37,834 人
	女	19,204	
貢縣	男	10,338	共 21,629 人
	女	11,291	
合計	男	97,548	共 200,744 人
	女	103,196	

其餘察隅、麥科、碩督、太昭等縣，亦有藏兵駐防。據報：因各該縣向無調查，故無法填造。

甘肅省邊區各縣人口數目調查表

縣別	漢	回	番	回番向背情形
康縣	97,019	54		回民傾向漢族。
武都	97,400	12,100	9,500	番民均受縣府統治，毫無隔閡。
西固	50,755		4,268	
文縣	184,119	31	855	均係土著，早已向化。
岷縣	199,995	3,870	3,390	番民早已歸順，相安無異。
永登	138,803	22,341	17,970	漢番間尚和睦，一致傾向政府；回民以宗教關係，刁傲不純，常依勢壓迫他種民族，對政府難定向背。
武威	296,570	824	178	番民世居縣屬，與漢民感情融洽，並無違背情形。
民勤	1,351,244			各他種民族均無。
永昌	65,812	173	80	傾向中央。
山丹	43,750			該縣回民極少，至邊境番夷，相隔甚遠，不知向背。
臨潭	38,512	9,920	1,200	
夏河	29,038	1,613	1,613	對政府信仰頗深。
臨夏	71,930	93,513		回民近頗傾向中央。其信教最深，團結力最大，素抱捨命不教主義。任何主義，不能打破其信仰。
寧定	3,256	59,013		傾向中央。
和政	13,860	33,640		傾向中央。
永靖	38,139	9,172		
古浪	54,688	125		均無違背情形。
鼎新	8,512			無他族。
民樂	100,000 餘	200 餘	120	回民均係暫時經商，無久居意，尚服從政府；番民近年亦甚服從。
臨澤	79,000	110	黃番 600 蒙 30	其心裡居向背之間，另有青海回軍五百四十人，黃番素隸回族。
高台	63,772			監內凶犯，漢族二十五，回族一，番夷無。距城南約八九十里之祁連山黑夷，信仰佛教，游牧為生，素向中央。
酒泉	114,430	回 584 纏 153	373	均傾向中央。
玉門	25,100			蒙番游牧地點，距縣治尚遠。
敦煌	24,397	4,544 纏 114	蒙 200	回漢感情尚洽；纏民狡獪嗜利，多隔閡；蒙民住處稍遠，性和平，服從命令。
金塔	41,503			
張掖	98,000	167		均傾向中央。

縣別	漢	回	番	回番向背情形
安西	16,489	523	蒙 358	均傾向中央。

　　青海地處邊陬，江河導源，氣候寒冷，生產力薄。因之居民稀少，進化遲滯。民族有「漢」「回」「蒙」「藏」「土」五類。語言風俗，與內地迥異。全省人口，藏族佔過半數；漢、回次之；蒙、土更次之。藏族即番族，果洛亦其類中之一。番族又有「土房番」「帳房番」之分（在各地各縣者，已為漢回所同化，從事耕農，建屋居住，稱之曰「土房番」；插帳捕畜，食肉衣皮，行止無定，逐水草而居者，稱之曰「帳房番」），土房番約居十分之二三；帳房番約居十分之七八。然無論任何番族，其所榮奉者，俱係「喇嘛教」，迷信甚深，牢不可破。喇嘛教以黃教為最盛，原為宗喀巴所創。明末迄今四百餘年中，即蒙古、西藏、塞外各地，均以青海為佛教發祥地。往來禮佛較稱著者，皆有寺院管轄，大小不同；而各有屬民，養尊處優，番民一仍其舊乃爾。黃教而外；尚有紅教，勢力式微，信仰者僅及黃教十分之一二。紅教之外；又有所謂白教、黑教者，更衰弱不堪！

　　番民知識譾陋，不事教育。語有番語；文有番文（即藏文），居住內地各縣者，多能優通漢語；平日嫻習番文者，概由讀番經得來。清季官方強令有子弟者送入學校；乃竟視為畏途，貲僱漢民兒童，以之補充。年來風氣漸開，不似前此錮蔽（西寧蒙藏學校學生，多係王公送來子弟），積之已久，或可相習成風。

　　漢回民族，散居內地，十之八九，從事農耕。然回民限于宗教，禁嗜煙酒，以故身體強健，習苦耐勞，生育繁榮。近來回教教育，積極促進，成效尚佳。各族登睦相處，生聚教訓，朝夕相融。土人僅住于互助、民和、樂都、大通、化隆等縣。有言語，無文字；信仰習俗，相近蒙番；食住生業，多同回漢。居住民和、樂都者，已自不嫻土語；男女服裝，與漢無異。居住互助、大通、化隆者，不惟仍用土語；且婦女服裝，亦特異于其他各族。在昔凡屬土男，均為土兵，設有土司管轄。現在五六土司，尚存虛名；而實際一切，俱已改歸縣政府矣。

　　蒙藏民族，多事游牧，插帳而居；少數與漢回土各族營造土房，散居各縣。一縣之內，各族雜處，夙稱相安。各縣土房之民，僅屬蒙番。生活改進，惟賴教育。蓋其賦性公忠勇敢，如用得其當，實為特長。二十年，內政部更頒發表式，調查戶口。所得結果，不過內地各縣。他如：蒙古二十九旗，玉樹二十五族，環海八族，保安十二族，果洛九族等，因其帳房遷徙靡定，故無詳細調查。自該省海南警備司令部成立以後，所有游牧各旗族人口，暗察明詢，切實統計，歷有數年。故此次調查較詳。附表于後：

青海省各縣民族戶口表

縣別	戶口／種族				
	漢	回	藏	蒙	土
西寧縣	戶 18,010 口 109,232	戶 7,011 口 49,385	戶 851 口 7,001	戶 2,339 口 5,231	
貴德縣	戶 4,422 口 10,002	戶 2,334 口 4,321	戶 5,164 口 22,006		
都蘭縣			戶 2,600 口 10,400		
循化縣	戶 604 口 3,390	戶 2,708 口 15,916	戶 1,200 口 6,422		
亹源縣	戶 1,000 口 5,030	戶 506 口 2,101	戶 508 口 2,200		
互助縣	戶 6,000 口 51,197	戶 230 口 1,800	戶 300 口 1,900		戶 1,200 口 29,804
湟源縣	戶 4,059 口 12,611	戶 317 口 11,104			
民和縣	戶 2,500 口 12,500	戶 500 口 2,500	戶 500 口 2,500		戶 2,000 口 10,000
大通縣	戶 5,604 口 38,800	戶 4,723 口 23,000	戶 800 口 4,700		戶 1,592 口 5,000
化隆縣	戶 1,080 口 7,142	戶 2,113 口 7,000	戶 1,364 口 3,005		戶 130 口 500
樂都縣	戶 8,627 口 49,506	戶 229 口 1,042	戶 521 口 9,540		戶 312 口 6,330
共和縣	戶 290 口 1,370	戶 56 口 145	戶 3,000 口 12,000	戶 800 口 3,010	戶 24 口 98
同仁縣	戶 120 口 500	戶 130 口 508			
合計	戶 2,316 口 301,280	戶 20,857 口 118,822	戶 16,808 口 81,674	戶 3,139 口 8,241	戶 5,258 口 51,723

查青海省十六縣，除本表所列十三縣外，餘如玉樹、囊謙二縣，僅住番族，其戶口已查列玉樹二十五族內，同德縣亦僅住番族，其戶口查列果洛九族內，再表中同仁縣原有番族，亦因查列保安十二族內，都蘭縣原有蒙族，查列蒙古二十九旗內，故在此表內，均未填列，以免重複，合併聲明。

青海蒙古二十九旗戶口表

旗名	王公姓名	戶數	人口
和碩特部西前旗	才拉什扎布	500 餘	2,600 餘
和碩特部西後旗	齊木棍旺扎勒拉卜丹	300 餘	1,500 餘
和碩特部西右中旗	德慶隆柱	960 餘	5,300 餘
和碩特部西右前旗	雅塄丕勒	250 餘	800 餘
和碩特部西右後旗	僧格拉卜丹	420 餘	1,300 餘
和碩特部西左後旗	太木巧羊桑加保	560 餘	1,870 餘
和碩特部東上旗	勒克到日	270 餘	530 餘
和碩特部南左後旗	耀布他日	720 餘	2,500 餘
和碩特部南右後旗	索南群派	520 餘	2,800 餘
和碩特部南右中旗	策仁他爾	550 餘	2,500 餘
和碩特部南左中旗	索南到吉	230 餘	1,100 餘
和碩特部南左末旗	丹增	460 餘	2,300 餘
和碩特部南右末旗	官保加	170 餘	980 餘
和碩特部北右翼旗	索南年木哲	200 餘	1,500 餘
和碩特部左翼右旗	索南旺濟勒	820 餘	4,490 餘
和碩特部北前旗	索南木扎希	690 餘	3,500 餘
和碩特部北右翼末旗	索南端主	530 餘	3,600 餘
和碩特部北左翼末旗	索南僧格拉卜丹	260 餘	1,500 餘
和碩特部前右翼首旗	官保多吉	340 餘	2,200 餘
和碩特部前首旗	貢噶環覺	1,500 餘	13,610 餘
綽羅新部南右翼首旗	林心旺齊勒	670 餘	3,700 餘
綽羅新南北中旗	扎希南木濟勒	820 餘	5,480 餘
土爾扈特部南中旗	旺慶隆保	420 餘	2,640 餘
土爾扈特部西旗	仁慶諾洛	520 餘	3,600 餘
土爾扈特部南前旗	噶臧旺濟勒	220 餘	1,430 餘
土爾扈特部南後旗	多銳	450 餘	2,200 餘
輝特部南旗	巴瑪旺濟勒	390 餘	2,500 餘
哈爾哈部南右旗	拉卜於木諾爾布	710 餘	4,820 餘
察汗諾們罕旗	白佛	660 餘	3,500 餘
合計		計約 15,060 戶	約 85,950

青海玉樹二十五族戶口表

族名	官人姓名	戶數	人口
囊謙族	木西才文多將	2,190 餘	13,200 餘
蘇爾莽族	朵汪	550	3,400
扎武族	久美	800 餘	4,500 餘
普慶族	朵麻協惹	606	3,700
拉達族	貲吉	260 餘	1,500 餘

族名	官人姓名	戶數	人口
選達族	池力	250 餘	2,700 餘
拉休族	哇將	880 餘	4,500 餘
稱多族	昂朵	170 餘	920 餘
安沖族	藏理	350 餘	1,900 餘
固察族	才旺多吉	120	730
竹節族	普才	250 餘	2,350 餘
永夏族	普扎格乃	400 餘	3,500 餘
蒙古爾津族	勿加昂布	1,100 餘	5,400 餘
娘錯族	彖朵	270 餘	1,650 餘
總舉族	宗冷秋加	120 餘	580 餘
江賽族	格達	670 餘	3,100 餘
雅拉族	日將	200 餘	1,600 餘
戎模	世仍	800 餘	2,400 餘
格吉麥馬族	曲加扎巴	800 餘	2,800 餘
格吉班馬族	曲加明錫	250 餘	1,700 餘
格吉納藏族	布伽	280	1,480
上中壩族	才張	260 餘	2,150 餘
中中壩族	托托官保	170	820
下中壩族	汪欠多吉	355	2,580
蘇魯克族	千巴	32	150
合計		約 12,133 戶	約 71,110 口

青海環海八族戶口表

族名	官人姓名	戶數	人口
剛察族	化卜臧	1,700 餘	6,100 餘
汪什代克族	花布增	1,280 餘	5,300 餘
千布彖族	次亥巴	1,550 餘	7,100 餘
都秀族	巷若	1,230 餘	4,700 餘
拉安族	勒格	720 餘	2,550 餘
公湟他代族	阿相乎祥三木	1,190 餘	4,900 餘
阿里克族	安木卡	980 餘	5,185 口
曲加族	達哈拉爾加	600 餘	2,200 餘
合計		約 9,250 戶	約 38,035 口

青海保安十二族戶口表

族名	官人姓名	戶數	人口
嘉務族	拉洛	900 餘	6,200 餘
區麻族	尕目哇	600 餘	5,400 餘
年陀族	魯本才讓	800 餘	5,900 餘
尖木族	娘本加	460 餘	3,150 餘
浪加族	達爾吉	240 餘	1,770 餘
向彭族	根愛	180 餘	1,500 餘
金倉族	堪卜加	250 餘	2,200 餘
古德族	賞泰爾	350 餘	2,200 餘
瓜什吉族	尖巴拉	580 餘	4,600 餘
鴆隆族	完得開	400 餘	2,700 餘
將隆族	借丹木	400 餘	2,300 餘
賀乃亥族	賀日	660 餘	3,400 餘
合計		計約 5,820 戶	約 41,320 口

青海果洛九族戶口表

族名	戶數	人口
康日千族	20,000 餘	94,000 餘
康塞日族	15,000 餘	71,500 餘
阿什羌岡麻族	10,000	46,500 餘
阿什羌女王族	8,000 餘	37,500 餘
豪高日麻族	5,200 餘	25,000 餘
兵亞哈族	1,700 餘	8,000 餘
白馬本族	4,800 餘	33,000 餘
巷欠多壩族	15,000 餘	72,000 餘
果洛斗亥桃族	4,500 餘	21,200 餘
合計	約 84,200 戶	約 398,700 口

青海各族戶口總數表

族別	戶數	人口
漢族	52,316	300,279
回族	20,857	118,822
蒙族	18,199	93,391
藏族	128,211	630,839
土人	5,029	51,723
合計	224,842	1,195,054

　　青海居民，原極複雜，彼此習俗，各有特異之點。內地各縣，各族雜處，久相觀摩，漸趨同化，政府有所設施，彼此相安，毫無阻礙。遊牧蒙番，知識謭陋，官方如不諳風俗，不嫺習慣，冒然敷政籌邊，驟難期得實效。故以誠信相感，為根本原則。蓋蒙番民族，最重信用，一涉虛偽，至易相率離心。自該省改設行省以來，蒙番民族，均傾心向化，迄無隔閡。並經省府將就近蒙藏旗族，劃設玉樹、囊謙、共和、都蘭、亹源、同仁、同德等縣，雖未至若何完備；然蒙番順從意旨，始終一致，亦足徵傾向之誠。赤匪西竄時，省府令蒙番各族首領，組織團隊，為日無多，已達十五萬左右，亦鞏固邊防之一助也。

第八章　關于宣撫事項

一、宣傳

　　赤匪利用邪說，裹脅民眾，縱橫猖獗，蹂躪數省。前在江西，幾經圍剿，終鮮成效。厥後用宣傳方法：令匪區軍民，覺悟來歸，准予自新，不咎既往。匪眾始逐漸瓦解，率其殘餘，流竄川黔。時川黔民眾，久處苛政之下，一旦受邪說之麻醉，遂不計利害，相率盲從。匪勢因復蔓延。而各將領又忽視招撫工作，對于降、俘、赤匪，皆殺無赦。至今脅從民眾，求歸不得，均婉轉呻吟于赤匪鐵蹄之下，苟延殘喘。濡染既久，惡化漸深。川黔匪禍披猖，實攻心之法，有未盡耳。

　　國光知其癥結所在，于入川之初，一面督促大軍進剿；一面廣事宣傳：印刷各種傳單、標語、小冊、圖畫、劇曲、歌謠、壁報……等，用飛機散投匪區；並印散招撫投誠辦法摘要，以堅投誠人之信念。茲照錄如次：

一、招撫事宜，由團長以上長官或縣政府辦理。

二、未擔任重要工作之赤匪徒手投誠者，職具切結、宣言後，送回原籍，設法救濟。

三、赤匪攜槍一枝投誠者，獎洋二十元；機槍一挺，獎洋二百元；砲一尊，獎洋五百元；殺偽團長、偽師長、偽軍長攜首級來投誠者，獎洋二百元、五百元、一千元不等；各級政委減半。

四、投誠赤匪，每人每日發口糧一角三分。

五、對于投誠份子，不得有敲詐、欺壓、虐待情事。

復令各軍政機關曰：

查赤匪利用邪說，欺騙民眾，裹脅驛騷，毒痛數省，政府不得已而用兵，但期殲厥渠魁，犁其巢穴，使狐兔失城社之依，民族脫沉淪之苦。是故兼施招撫，與匪爭民；不願遇事株連，為叢驅爵。對于俘虜匪兵，寬大為懷，不咎既往；對于攜械投誠者，矜其誠意，優予獎金。祛其報復之憂，免滋疑懼；開彼自新之路，以廣招徠。倘不辨首從，悉予誅戮；不分良莠，視若讐仇。既失懷柔之旨，更啟攜貳之心。自應察其情形，妥為處理。

本委員長前在江西，曾頒發處置投誠，及俘虜赤匪各項條規，令各軍政機關，遵照辦理。施行以來，頗著成效。川省事同一律，自應切實遵辦。縱或財力困難，亦應由各軍政機關，極力籌劃，于可能範圍內，多設臨時收容所，善為待遇；至攜械來投者，尤應照章立予獎金，以立大信。不得再蹈以前覆轍，任意處置。

又令曰：

查赤匪初到之地，即以公買公賣引誘民眾回家，迨民眾歸後，有錢者則綁票勒贖；無錢者則逼充匪兵；最後則施行殺人、放火、姦淫、擄掠之獸行，不留餘燼。凡在川甘陝剿匪各軍，應將赤匪毒計，盡量對民眾宣傳，散發傳單，促其覺悟，免受欺騙。

自是各軍政長官，始知注重宣傳，嚴禁部屬有殺戮

及虐待投誠、俘虜情事。匪區軍民，亦多聞風來歸。惟各縣間有不明大義，藉端敲詐者，甚或出賣自新證，每張索款百元。據報後即嚴加禁止，令曰：

> 自新證之發給，原為堅定其信仰，安定其身心；並防止赤匪誘惑，以免再入歧途。何得貪圖私利，向其苛索，使被脅人民，聞風生懼，裹足不前。是無異為淵驅魚，為匪張目。嗣後各軍政機關，務宜遵照先令各令，善為撫慰，優予待遇。倘有故違，定即依法嚴懲不貸。

並令各部長官：于每星期日，將所屬部隊上一星期收容之投誠、俘虜，人名、階級、收容日期、械彈數目，及墊發之賞金、口糧，按期詳報參謀團，以憑發給墊款。自宣傳工作普遍以後，赤匪在川、黔欺騙術窮，復轉竄西康。康民知識簡單，欺騙更易。為先發制人計：由參謀團翻印藏文傳單，揭破赤匪罪惡及其欺騙手段，散發各處；並認諾那呼圖克圖為西康宣慰使，馳赴西康，一面組織民眾，一面宣傳。康民因深知匪之伎倆，不肯受其欺騙，群起自衛。匪計未逞，遂轉竄陝甘焉。

二、招撫

匪區軍民，自經宣傳後，全願投誠，前已述之矣。先是蓬溪縣匪首蔣述法率夥友五人投誠，繳出駁殼槍十枝，馬槍三枝，子彈二十五挑。除照章給獎外；並將蔣述法派在參謀團服務，月給津貼二十元，以勸來者。又金堂縣匪首吳自新攜械向縣政府投誠，願作剿匪先導，

先後經其牽引投誠所繳，及引導破獲之槍，共六十五枝。邛崍縣李朝元、駱明章兩匪首，亦相繼率領所部投誠，共繳槍四十四枝，子彈百餘發，均經分別給獎，准予自新。

同時嘉定沿河股匪數百人，手槍百餘枝，步槍數百枝，均願繳械投誠；而各處請求自新文電，亦紛至沓來，若由參謀團直接處理，實應接不暇。乃一併移交四川省政府處理。上述招撫情形，僅就參謀團固有案可稽者舉例言之耳。實數殆不止此也。

三、收容

四川省剿匪總司令部因匪區軍民，投誠者日益眾多，在萬縣、重慶、簡陽等處，分設收容所，廣事收容。然皆以經費無著，設備簡單，待遇不佳。以至死亡相繼，投誠者咸有觖望。爰于六月，由參謀團在重慶南岸設置投誠俘虜收容所，調九江感化院訓育股股長羅伯農為所長；所長以下，設總務、管理兩股，並設醫官二人，司藥一人，重衛生也。所有各處解來之投誠俘虜：應感化者，轉送九江感化院；應資遣者，送交各原籍省縣政府按照前南昌行營頒布之招撫投誠赤匪暫行辦法暨處置俘虜赤匪暫行辦法各規定辦理。投誠俘虜在所及出所之一切待遇，則悉援九江感化院之成例焉。收容所成立時，撥開辦費一千元；並核定每月經常費二千八百八十五元六角，臨時費一百三十元；另撥青布單服裝三千套，轉發各投誠俘虜應用。

　　重慶收容所于六月一日正式成立，並定於七月一日開始收容。各軍聞訊後，均將所獲之投誠、俘虜，解送該所，半月之間，收容人數，已達六百餘名。

　　剿匪軍事進展以後，參謀團即已移駐成都。川北各軍所獲之投誠、俘虜，均就近移交參謀團轉解重慶。各投誠、俘虜，來自匪區，多屬疲病不堪，行動困難。亦間有少數匪中幹部，潛伏其間，時有逃逸之虞。蓉渝相距千餘里，水陸行程，均在旬日以上，長途解送，管理稍疏，則死亡逃逸，均在所難免。兼之重慶收容所所址狹小，已有人滿之患，不能再事增加。乃飭九江感化院將南昌收容所全部移設成都，並委李寧庸為成都收容所所長。該員率領全部職員抵蓉後，覓定東門內昭忠祠街西蜀中學舊址為所址。于八月一日，呈報成立，並開始收容，一切悉依渝所成案辦理。

　　自是各軍解送投誠、俘虜至蓉、渝兩所者，絡驛不絕。至十月底止，成都收容所共收九百九十七名口，重慶收容所共收八百六十一名口（除各辦理資遣一次外；蓉所尚有七百二十六名口，渝所尚有七百零九名口）。僅三個月，而兩所收容人數，幾達兩千；由各軍就近資遣未辦及已解而尚未到達者，尚未計及。如再繼續招撫，則聞風來歸者，必更多也。

附重慶收容所條例　載附錄

　重慶收容所辦事細則　載附錄

　重慶收容所編制表　載附錄

　重慶收容所經常費支付預算書　載附錄

　重慶收容所臨時費支付預算書　載附錄

第九章　關于軍法事項

　　赤匪竄擾川黔，長驅直入，勢如破竹，非川黔兵力之不足也。一因民久處苛政之下，受官吏剝削，土劣壓迫，怨毒已深，經赤匪煽惑，盲從者眾；一因各將領保存實力，觀望不前，各縣長不負守土責任，聞風先逃，坐令匪騎縱橫而莫之或阻。赤禍之蔓延，職是故耳。

　　先是黔軍第二十五軍副軍長兼教導師師長侯之擔于匪軍竄黔時，始而放棄烏江，繼則失陷遵義、桐梓，匪軍遂得西竄。迨國光入川時，渝、萬同時震動。而前線指揮將領（自團長以上），尚多避居重慶，流連忘返，侯之擔亦其一也。聞國光至，正擬乘飛機赴滬。國光據報，于一月十七日將侯之擔拘捕看管，並通電各軍知照。人心為之大快。同時在渝各將領聞訊後，咸知凜懼，剋日紛返防地，認真督剿。軍威一振。匪軍因是不敢進窺，而渝、萬遂得安堵無恙矣。

　　是時川北徐匪，勢甚披猖。于三月突渡嘉陵江，蒼溪、閬中、南部，相繼失陷。均為第二十九軍軍長田頌光防地。

　　委員長將田頌光撤職查辦；其副軍長孫震記大過一次，著其代理軍長，戴罪立功。並通電各軍曰：

　　　查嘉陵江向稱險要，蒼、閬、南部一帶，原屬二十九軍防地。一年以來，迭次通令構築碉堡，加強工事，嚴密佈防，以遏殊餘徐匪之竄擾，不啻三令五申。該軍負責守備經年，糜餉實鉅。律以救國救鄉之大義，應如何激勵軍心，力圖報稱？乃連日

> 據報：該軍防守不嚴，徐匪一部，遂于儉晚突渡嘉
> 陵江；繼復作戰不力，蒼溪、閬中、南部，亦竟相
> 繼撤退。棄藩籬而不守，陷人民于塗炭，實屬玩忽
> 命令，貽害地方，斷難再予寬容。兼川陝邊防剿匪
> 督辦第十二路總指揮四川剿匪軍第二路總指揮第
> 二十九軍軍長田頌光著即撤職查辦；其副軍長孫
> 震，輔助不力，記大過一次。著令孫震暫率二十九
> 軍，戴罪圖功；此次該軍失敗負責諸將領，由孫震
> 查明呈報，以憑分別懲處；該軍現在收容若干，著
> 孫震速即整理改編，稟承劉總司令（湘）辦理具
> 報。仰即轉令一體遵照！

一面令各省政府督飭各縣縣長，與城共存亡，不得動輒
放棄。令曰：

> 現值大軍進剿之時，各將士固當努力前驅，義無反
> 顧；而各縣長守土有責，尤應城存與存，城亡與
> 亡，不得動輒放棄，以致坐長匪氛，影響軍事。務
> 希嚴令所屬各縣長，嗣後遇有匪警，應即督率團
> 隊，死守待援。倘有敢于聞警先逃，或棄城不顧
> 者，本委員長即按臨陣退卻之律，概以軍法從事，
> 嚴懲不貸。事關地方安危，其各凜遵，為要！

自赤匪先後竄擾川黔，歷時二三載，蹂躪數十縣，
軍政長官，率皆聞風先逃。至是始知軍令森嚴，不敢再
蹈前轍。四川越嶲縣縣長彭燦、冕寧縣縣長鍾伯琴等均
以身殉難，即其明證也。

其時各地民眾，亦咸知紀綱之墜而復振，如久處暗
室，驟見天日。受冤者咸赴訴于參謀團（呈控案件，日

達數十起），參謀團限于職權，既未便受理，又未便使
民眾稍感觖望。乃組設行營駐川軍法處，並檢發駐川軍
法處組織條例、編列表及文武官佐士兵剿匪懲獎條例、
懲治土豪劣伸條例通令各軍政長官曰：

> 查四川省內，比年以來，文武官佐，頹敝成風，紀
> 綱不振；各地土劣，因緣為奸，復暴屬相沿，肆
> 行魚肉。遂致匪氛久稽蕩殄，民眾痛苦日深！天府
> 之邦，漸形殘破！推究本源：皆由好歹不分，賞罰
> 不明，激勸既失其衡，貪暴愈無忌憚，有以致之。
> 本委員長曩年督師鄂贛，認為欲挽頹風：應即整飭
> 紀綱；尤應先行申明部隊紀律、懲治貪污土劣以
> 振之。即曾訂定剿匪區內文武官佐士兵剿匪懲獎
> 條例及懲治土豪劣紳條例，先後公布施行。現駐川
> 各軍，方知加緊追剿；省政府改組，亦正在力圖改
> 善政治，與民更始之時。以上兩種條例，自應一體
> 實施，藉期文武上下，咸知激勸，共同努力。茲特
> 由本委員長行營設立駐川軍法處，執行一切軍法審
> 判事宜，日內即將組織成立（除開始辦公日期，另
> 由該處分別呈報通告外）。嗣後凡各軍官佐士兵及
> 各級行政官吏及各地團隊員兵暨地方上諸色人等，
> 苟有觸犯規定法令應依軍法從事者。概由該處負責
> 檢舉，依法審理；對于各軍軍法處及各專員縣長兼
> 軍法官處理之案件，須經復審者，亦由該處負責承
> 辦。茲將該處組織條例暨文武官佐士兵懲獎條例懲
> 治土豪劣紳條例，一併隨令頒發。仰即分別轉飭所
> 屬，一體凜遵！毋稍玩忽為要！

　　軍法處于六月一日，依照組織條例、編制表（均載附錄）組織成立；並擬具辦事細則（載附錄）呈經核定。凡該處辦理文武官佐士兵及土豪劣紳應受懲處案件之檢舉、審理，均由參謀團復核，以昭慎重。

民國史料 26

南昌行營：
參謀團大事記（二）

Generalissimo's Nanchang Field Headquarter:
Military Staff Records, Section II

編　　者　民國歷史文化學社編輯部
總 編 輯　陳新林、呂芳上
執行編輯　李佳若
文字編輯　林弘毅
排　　版　溫心忻、盤惠秦

出 版 者　🛡 開源書局出版有限公司

　　　　　香港金鐘夏愨道 18 號海富中心
　　　　　1 座 26 樓 06 室
　　　　　TEL：+852-35860995

　　　　　民國歷史文化學社 有限公司

　　　　　10646 台北市大安區羅斯福路三段
　　　　　37 號 7 樓之 1
　　　　　TEL：+886-2-2369-6912
　　　　　FAX：+886-2-2369-6990

銷 售 處　涂流成文化 股份有限公司

　　　　　10646 台北市大安區羅斯福路三段
　　　　　37 號 7 樓之 1
　　　　　TEL：+886-2-2369-6912
　　　　　FAX：+886-2-2369-6990

初版一刷　2020 年 6 月 30 日
定　　價　新台幣 300 元
　　　　　港　幣　80 元
　　　　　美　元　11 元
I S B N　　978-988-8637-70-6